JN246456

アメリカ西海岸で不動産投資

7年で1億円！

人生100年時代の収入源に

金井規雄

プラチナ出版

トーランスのアパート（実例１：129ページ）

中庭（実例１）

キッチン（実例１）

トーランスのコンドミニアム
（実例５：139ページ）

ロサンゼルス・マンハッタンビーチ（実例６：142ページ）

キッチン（実例５）

リビング（実例５）

バスルーム

▼

レドンドビーチのアパートをリフォーム（具体例：155ページ）

▼

ガレージ

▼

まえがき

家のローンや家賃の支払い、カードや携帯電話の支払い、「今日のランチは500円で済ませよう」等々、いつも支払いのことばかり。毎日毎日お金のことばかり考えていますが、いつになったらお金の心配から解放されるのでしょうか？　そのために一生懸命働いて給料を得て、支払いを済ませますが、少しでも手元に残ればよいほうで、ときには不足することもあるでしょう。本当にやり繰りは大変ですね。

そのうえ、将来の年金も心配です。自分が年金を受け取るころには、年金が枯渇して「1円も受け取れないのでは」といった不安が、容易には拭えない状況になりつつあります。楽観視している方もいますが、もし本当にもらえなくなればどうしますか？　もちろん、もらえる可能性もあります。しかし、ここは万全を期すということで、もらえればよしですが、半面、もらえても十分ではないので、もらえても、もらえなくても、自分で準備しておくことが肝要です。

先日、あるテレビ番組で「将来の年金受給が心配だから今からせっせと貯金して将来に備える」と、若いテレビタレントが言っておりましたが、かなりの金額を貯金できたとしても、老後はその貯金の切り崩しですから、どんどん貯金は減っていきます。これでは、ますます老後が心配です。自分の命の寿命と貯金の残高競争で心が休まるどころではないでしょう。

同じように、あるファイナンシャルプランナーが「老後の心配をしないためにはいくら貯金が必要か?」という問いに対し、「1億円は必要である」と答えていました。これも同じで、仮に1億円の貯金ができても、どんどん使っていけば貯金は減っていきます。最後は、自分の寿命と貯金との競争になってしまい、これでは安心した老後は送れません。

最近では、老後貧乏や老後難民を防ぐためにはいくら貯金をしておくべきか、いくら貯めておくべきかということがよく話題に上りますが、1000万円、5000万円、1億円等、人によりその回答が千差万別です。一番重要なこと、大切なことはいくら貯めておくべきかではなく、**いくら収入を作るか**が、本当の答えです。いくら貯金をしておくべきか、というのは全く無意味です。

たとえば現在、年収はいくらあれば希望の生活が送れますか？　1000万円、3000万円？　それとも5000万円、1億円？　もし2000万円あれば、安定し充実した生活が送れるということであれば、早く年収2000万円を確保するようにすればよいのです。つまり、**年収を確保**するということで、貯金額ではないのです。

では、自分で老後の心配をしないように、どうやってその年収を確保・準備すればよいのでしょうか？

ズバリ申し上げて、〝絶対〟資産を作ることです。**絶対資産**とは、**お金（収入）を生み出す純資産**のことをいいます。収入を生み出す資産のことを、「IPA（=Income Producing Asset）」「IPV（=Income Producing Vehicle）」といいますが、絶対資産とは、そこから借入れなどを除いた**純資産**になります。

今、ほとんどの人は自分自身がIPAです。自分が働いて仕事をして収入を稼いでいます。このIPAを自分自身ではなく、他の収入を生み出すものとして増やしていくのです。

1億円の投資（たとえば不動産）をしていても、借入れが7000万円あれば純資産は

３０００万円で、毎月30万円の収入があっても、返済が20万円あれば、手取り純収入（収益）は10万円となります。この場合、10万円の純収入を生み出す３０００万円が純資産で、絶対資産となります。

たとえば、今、仮に1億円のお金があるとします。銀行に預金をして1億円のお金は、どれくらいお金を生み出してくれるでしょうか？

利息がありますが、現在のマイナス金利の超低金利時代、そしてこれからも低金利が続く時代に、1億円の銀行預金では、お金をほとんど生み出してくれません。これでは、絶対に資産とはいえません。1億円預けても、1年でたった25万円です（優遇金利０・25％として）。

今、別にこの1億円で銀行預金ではなくマンションを購入し、自分が住むのではなく、賃貸に回せばどうでしょうか？　家賃が入ってきます。収入です。どうでしょうか。1億円のマンションを東京都内の交通至便なところで購入すれば、月25万円から30万円の家賃が見込めるのでは？　あるいはもっと？　幅はありますが、仮に30万円としますと、年間３６０万円の収入になり、銀行預金よりも格段に多くなります。

純収入を生み出す資産、これが絶対資産です。くわしく言えば税金がありますが、簡略化するためにとりあえず税金は除外します。税金のことは、最後の章で解説いたします。
1億円で年収360万円。うまく投資すれば、たとえば年収500万円ほどにも増やすことができます。年収1000万円を目標とするならば、2億円作ればいいわけです。あるいは、2億円で年収1000万円以上を生み出す絶対資産のシステムを作ればいいわけです。これが形成されれば、年金問題や老後資金の問題に煩わされることはなくなります。お金を貯めて老後を迎えるのではなく、老後を豊かに暮らす**収入**を生み出す資産を作るのです。お金を貯めるのではなく、いかに多くの収入作りをするかということです。

今のお金の価値で、どれくらいの年収があれば、満足できる豊かな生活が送れるでしょうか？　1000万円？　2000万円？　この**年収を生み出す資産**を作るということです。老後資金を貯金するのではないということです。
では、どうやってそのIPA収入を生み出す資産を作ればよいのでしょうか？　もちろん、いろいろなやり方がありますが、一番よいのが不動産投資です。その理由等は、本文で解説いたします。

本書では、まずスタート資金を作り、それを元手に不動産投資でどんどん増やしていき、

7年で1億円作る方法を解説します。うまくいけば、3年から5年で1億円を作れるでしょう。そうでなければ、10年や15年はかかるかもしれません。それは運もありますが、勉強と実行次第です。しかし、今のままで何もしなければ何年経っても1億円はできないし、本業以外の収入もできません。何もしなければ、今の生活は変わらないのです。

ファイナンシャルプランナーの「老後を安心して暮らすには約1億円の蓄えが必要」というアドバイスがあり、あるテレビタレントは「老後が心配だからせっせと貯金する」と言っておりましたが、1億円を貯金で貯めるとなると、現在の預金金利でどれだけかかるか計算したことがありますが、愕然といたしました。毎月1万円貯めて、1年で12万円。1億円貯めるには、単純計算で833・3年かかります。

金利はいずれ高くなっていき、複利運用で多少は多くなるため早まりますが、仮りに1％の金利でも100年以上はかかります。もちろん、コツコツ貯金することを否定しませんが、気の遠くなる年月がかかります。

本文で解説しますが、貯金、投資信託、拠出型年金などの貯蓄型では、とても間に合いません。これらは補助だと考えておくべきでしょう。自分自身の年金を不動産で作れれば確実で、自分でもコントロールできます。これを主体に、自分の資産形成を考えるのがベストだといえます。

本書は、一夜にして大金持ちになるというガイドブックではありません。むしろ時間を費やし、いろいろ勉強して物件の実査・分析も行って、不動産投資を実行し、成功して絶対資産を作っていただきたいという説明書であり、解説書です。

よく「不動産で不労所得を得て悠々自適の生活を」と話す人もいますが、とんでもない間違いで、不動産投資にはたゆまぬ勉強と物件実査努力が必要です。とても「不労」とはいえないのです。確かに優良物件を購入して、そこから収入が発生すれば、労力は少なくなりますが、常に物件の維持やマーケット調査等が必要です。

また、脱サラも勧めません。むしろ、会社勤めのほうが融資を引き出しやすいのです。不動産投資においてはローンが非常に大切なファクターとなりますので、会社勤めのほうが有利なのです。しかも条件もよいので、ぜひ利用してもらいたいものです。

最近では「100年時代の人生戦略」といわれ、今までのように60歳で定年退職し、悠々自適の生活という人生設計では、対応しきれない時代になってきているようです。仕事も多様化しており、それに適応していかなければいけないともいわれています。

だからこそ自分で自分の収入を作り、確保していかなければならないのではないでしょうか。自分の収入を確立さえすれば、人生100年でも200年でも対応できるのです。ぜひ真剣に取り組んで実行してみてください。

自分自身の年金・年収を不動産投資で構築・達成するのがベストですが、日本の人口は減少し続けており、本文でも述べていますが、少子高齢化社会にどんどん突き進んでいっています。人が少なくなり、しかも高齢者が増え、若者中心の産業労働人口が減るという、世界でも類を見ない人口減少の社会において、不動産投資はその根本が人口ですから、大変難しくなります。

不動産投資の専門家は、これからの日本の不動産は80%〜90%価値が下がると言っております。つまり、不動産全体では10%〜20%だけしか価値が維持または上昇しないという、とんでもない状況になっていくということです。もちろん、経済がしっかりし好転すれば、さほどのことにはならないと期待したいところです。

かかる状況下、不動産資産を何も日本だけに限らず、海外の不動産も視野に入れることをお勧めします。そもそも資産の分散は当然ながら実行するべきで、投資家であれば必ず実行しています。リスク回避・最小の観点からも分散はやってしかるべきです。なかでも、**アメリカ西海岸**、とくに**ロサンゼルス**は、市場が最大で一番活発に動いています。

アメリカ不動産を取得することによって、画期的な節税が可能になるなど副次的効果は極めて大きいものです。ぜひ一度検討しては、と思います。

「アメリカ西海岸で不動産投資―7年で1億円！」目次

第1章 まずはスタート資金が必要

第2章 IPA、IPVとは?

第3章 投資の基本理念

第4章 不動産投資で成功するには

第5章 海外不動産・アメリカ不動産

第6章 資産形成・投資利回り

想定・DTP◎二ノ宮匡（ニクスインク）

序章

不動産投資の心得

1

決断・決意こそすべて

投資で成功するために絶対必要なことは、「何が何でもやり遂げる」という**決意**です。「石にかじりついてもやるのだ」という**強い意志**です。

成功された方々の話を聞きますと、結局、何かのきっかけで決意をされています。仕事で失敗したりだとか、リストラされたりだとか、離婚であるとか、いろいろですが、人生において何らかの転機がきっかけのようです。問題は、そのときどれだけ痛切に感じて現状を打破するかです。

誰しも「お金持ちになりたい」「お金がもっと欲しい」といった思いは持っております。そういった本もたくさん出ていますし、投資セミナーも数多く行われています。本を読み、セミナーを聞いて「そのとおり。でも、今は仕事が忙しいから落ち着いてから考えよう」とか、「投資を始める元手の資金がない」とか、「時間がない」等々。実行しない方は、必ず**しない**理由を考えるのです。「考える暇があったら、さっさとやりなさい」ということです。「とにかく実行する。やるのだ」と決意し、少なくてもその日のうちに計画を立てることです。時間がないという方は、時間を生み出す工夫をしてください。

あるビジネスマンの成功者は、会社の仕事はきちんとこなすのですが、時間調整は自分なりに工夫し、平日は夜に、週末は終日、投資に没頭していました。その方は無駄遣いを一切せず、切り詰められるところはできる限り切り詰め、自己資金を増やしています。やろうと思えばいくらでもできるのです。

①時間を作る
②節約する。無駄遣いはしない
③計画を立てる

まず、できるところからどんどんやってみましょう。賃料の安いアパートに引っ越すとか、マイホームのある人は、売却したり賃貸に回し、アパートに移るとか、目的を達成するまではできるだけ我慢することです。

「そんなリスクを取るようなことはできない」という意見もありますが、だいたい、投資をするのにリスクを取れないということはあり得ません。投資には当然、リスクはつきものです。リスクのないものは、ほとんどと言っていいほどありません。

今お勤めの会社、とくに銀行等、絶対に潰れないと思っていませんか？　１９９０年代後半、潰れないと思われていた銀行が破たんしたではありませんか。ただし、投資をする際にはできるだけ小さくしたいものです。また投資ですから、ある程度のリターンも欲しいものです。

結論から言いますと、不動産投資にはリスクがありますが、リターンはそれ以上に見込まれます。一番の強みは、現物であるということです。たとえば、株式投資は紙切れです。投資先の会社は現実に存在しますが、倒産すればなくなります。その株式は、ただの紙切れになってしまうのです。

今後はさらに技術が発展・向上し、ロボットやＡＩ（人工知能）も社会に出てきて、人の職場がどんどん失われるといわれています。しかしながら、不動産は人が生きている限りは必要なものです。誰しも住まいは必要で、人よりもよいところに住みたいと思うものです。よい悪いは別にしても、住むところは誰にでも必要です。どんなに技術が発達しても、人には住むところが必要です。だから不動産が必要なのです。

次に、具体的な計画を立ててください。ただ漠然と「お金持ちになるのだ」ということではなく、具体的に「1億円作る」「10億円作る」「年収１０００万円」「年収５０００万円」等というように金額を設定します。そして、５年でとか、７年でとか、タイムリミットを設けます。たとえば、7年で10億円というように、いきなり大きな目標を掲げるのもありですが、段階を追って目標を区切るようにしてください。つまり、7年で10億円作るには5年で5億円、3年で1億円作る必要があるというような大きな目標の場合は、時間の区切りをつけてください。そして、その目標を紙に書き、いつも目に入る壁にでも貼ってください。これは思っている以上に効果がありますので、ぜひ実行してみてください。

2

勇気を持ってください

時間を費やし、いろいろ勉強して知識を得て人脈を作っても、最終的に投資を実行に移すのは自分自身です。最後はやるかやらないかだけです。もちろん、その前に十分に調べつくして「大丈夫だ。行ける」と思えば、あとは勇気を持って実行するだけです。最後は、ぜひとも意を決して実行してください。勇気を持って。ユダヤ人の大富豪が教える、事業家として絶対に成功するための3つの要素を紹介します。

①目標に向かって戦略を立てること
②実行すること
③やり遂げる情熱を持つこと

3 一心不乱

他人のことは一切、気にしないでください。自分は自分です。もちろん成功者の経験、失敗談を参考にすることは大いに結構ですが、それらの話に惑わされないように気持ちをしっかり持つことです。人は人、自分は自分です。他人のことは関係ないのです。わき目も振らず、他人がどう言おうと目的に向かって突き進んでください。

4

自力本願

宝くじやＬＯＴＯに当たった人は、大変うらやましい限りです。しかしながら、当選者のその後を見ますと、たいていの方は元の生活に戻ってしまったり、なかには破産者となった方もいるようです。５年後には、当選者の７割は破産してしまうか、前の生活よりも悪くなってしまっているそうです。この原因は、人は大金が入ると使ってしまうからです。使えばなくなります。

仮に、宝くじで1億円当たったとします。たいていの方が最初にすることは、マイホームを買うことだったり、またはローンの返済に充てたり車を買うことだったり、そして前から欲しくて買えなかった高額商品、たとえば高級腕時計やアクセサリーといったものを買ってしまうことです。これでは、せっかく当たったお金があっという間になくなります。「お金を使う＝消費する」のではなく、ここはぐっと堪えて、お金を有効に使う、つまり投資に回すことが最良と思います。

もちろん、欲しいものは誰しもありますので、どうしてもという場合は、1億円の一部、たとえば1000万円とか2000万円だけ消費に使い、あとは投資に回すのが賢明です。ローンの返済に充てるのは、賢明な使い方といえます。なぜなら、毎月の返済がなくなり、その分生活に余裕が生まれるからです。ただし、その余裕を投資に回せるようにすることが、大事な点です。余裕の分を消費に使えば、収入は増えません。収入は自分の力で増やすものです。

5 本業が2つ

会社勤務等の本業は本業として、本書でお勧めします不動産投資は、当初は副業であると考える方がほとんどだと思います。当然、最初は本業のほうが収入は多く、副業である不動産投資は収入が少ないですが、だんだん増えていきます。数年後には本業の収入を追い越すほどになりますし、そうなるように頑張っていただきたいと思います。

たとえば、本業の年収が５００万円、副業の不動産投資からの収入が当初50万円だったとしても、数年後には本業の年収が６００万円であるのに対し、副業の不動産投資からの年収が８００万円あるいは１０００万円を超えることになります。そういう状況になったとき、本業（会社勤務）と副業（不動産投資）というように捉えず、本業１と本業２というように、両方とも本業、つまり「ダブル本業」と考えてください。

多くのコンサルタントの方は「会社員を辞めて独立だ」などと不動産投資のみを勧め、著書等でも同様に不動産投資のみに絞り込んで提案してしまう事例が見受けられますが、本書では本業を辞めることはお勧めしません。本業が安定収入を得られる会社勤務の場合は、とくに辞めないでください。本書は、脱サラや副業を勧める本ではありません。本文でも述べますが、会社員であれば銀行融資を受けやすいからです。

不動産投資の特典と言いますか醍醐味は、「レバレッジ」が使えることです。つまり、少額のお金で銀行からの融資を受けて大きな投資ができるからで、そのために収益も大きくなります。**不動産投資は自分の事業**と捉えてください。

それから、これは別の効果と言いますか、見方が違ってきます。今までは生活のためにいろいろと我慢して会社勤めをしていた方でも、不動産投資からの収入が本業の収入を上回れば心に余裕やゆとりが生まれ、会社の仕事や勤務に対する見方が変わってきます。

生活のために頑張るというよりは、趣味に近い感覚になってきます。そうなれば、今までの上司の言葉も客観的に見えるようになってきます。そうしますと気持ちにゆとりが生まれてきて、仕事もはかどるようになります。

実はこれが大きな効果で、お金に余裕が出てきますと、今まで見えていたものが変わってきます。つまり、客観的に別の角度から見えるようになるということです。

お金の問題や制約、心配がなくなりますと、余裕を持って物事を見ることができるようになります。よく言われる「衣食足りて礼節を知る」ということにつながります。

まとめ

- 絶対にやり遂げるのだという強い気持ちと勇気を持って実行する
- わき目も振らず一心不乱になる
- 従来の本業と不動産投資の両方を本業にする

第1章

まずはスタート資金が必要

1 資金づくり

投資を始めるにあたり、まずはスタート資金が必要です。全くゼロからのスタートはほぼ不可能ですので、貯蓄をするなり投資を始める資金作りからスタートします。もちろん、すでに投資に回せる資金があれば一番です（実は、不動産投資で全額フルローンが取れればゼロからでもスタートが可能ですが、チャンスは少ないし思わぬ出費があれば対応できなくなります）。

「収入を増やす」「出費を少なくする」。この両方で貯蓄額は増えます。収入を増やすことは、極めて困難です。給料が急に上がることはないし、給料アップを要求しても無理でしょう。可能性としては、空いた時間での副業が考えられますが、できればその時間は勉強も含めて投資に回したいので、副業は現実的ではありません。貯蓄を確実に増やすというか、それを実行するのは、給料をもらったそのときに貯金をしてしまうことです。

序章でも述べましたが、まずは出費を削るしかないでしょう。一番は、住居費です。賃料の低いアパートに引っ越してください。後で述べますが、アパートを購入したある投資家さんが、その一室に引っ越した実例もあります。このように、自分が投資したアパートの一室に引っ越しをするのは画期的なアイデアです。あるいは実家に戻ることができれば、住居費はかなり節約できます。マイホームをお持ちの方は、売却するか賃貸に回してアパートに引っ越してください。このようにすれば、住居費は格段に低くできます。

実は、マイホームのローンがありますと、投資物件でローンを利用する際に、残債（ローンの残り金額）が差し引かれますので、融資金額は減り、投資に制限を受けることになります。たとえば、投資物件に必要で受けられる融資金額が7000万円だとします。ところが、マイホームローンの残債が3000万円であれば、その差額の4000万円しか貸してくれません。

それから、食費や日用品雑費です。無駄を一切、切り詰めてください。きついように感じますが、実は、知らず知らずの間に普段からかなりの無駄や浪費をしています。一度、家計簿をつけてみてください。不必要な浪費がみつかります。また、探せばより安い食事がみつかります。さらに、タバコやアルコールは、まず半分くらいに減らすところから始めてください。この際、禁煙することも一考です。外食は半分以上減らし、食事代の安いところに変えてください。もちろん何ヶ月も続けば落ち込みますので、投資が進む段階で自分へのご褒美ということで、たまには豪華な食事をしてください。ある情報では、30％以上カットできるようです。これでかなり経費を浮かせたわけですから、半年から1年で、ある程度の貯金はできるはずです。

32歳の女性看護師さんが29歳のときに、1000万円を貯めた記事が出ていました。5年で貯めたとのことです。スタート時には200万円の貯金があったそうですので、実質的には5年で800万円を貯めたことになります。彼女は1000万円の貯蓄を目指して生活を切り詰めるのですが、最初は大変だと思ったとのことです。しかしながら、何とか普通の生活水準を維持できたようです。その理由は、まず「必要なもの」と「欲しいもの＝必要でないもの」に分けたのですが、不必要なものがたくさんあったらしく、今までは手取り給料25万円を全額使っていたそうですが、不必要なものを買わなくなって、手取り25万円のうち13万円を貯金に回せるようになり、12万円で生活できるようになったからとのことです。それらをリストアップするために、簡単な家計簿を作り仕分けをしたとのことでしたので、ぜひ家計簿を作ってください。驚くほど無駄遣いが発見できます。

それでも、最初のうちは無駄遣いに気を使っていたつもりでも、給料日前には1日200円、300円で生活しなければならなくなったようで、何とかおにぎりや菓子パン等で凌いだそうです。やればできるということを証明したということです。頑張ったんですね。しかし、３ヶ月くらい経つと要領がわかってきて、お金を貯めるのが楽しくなり、切り詰めた生活も苦にならなくなったようです。いざ実行するとなると、本当にギリギリの生活をするようで大変苦しいですが、絶対に資産を作るまでは我慢してください。

しかしながら、本書にしたがって実践していけば、早ければ2~3年ほどで以前よりはよい生活ができるようになります。うまくいけば1年以内です。成功するまでは我慢してください。最長でも5年程度は我慢して、そのあとは平均以上の生活を手にするのか、それとも、今贅沢や浪費をして老後は貧しく暮らすのか、どちらを選択しますか？

後述しますが、不動産投資がうまくいき、１００％のフルローンを引っ張れば自己資金はほとんど必要ないですが、最少でも5％から10％程度の頭金は準備しておきたいものです。仮に５０００万円のアパートを購入する場合、10％の頭金は５００万円ですので、できれば３００万円くらいのスタート資金を作りたいものです。

2 上手にお金を貯めるには

貯蓄ができる人とできない人の違いがあります。確実に貯蓄ができてお金が貯まる方法は、手取り給料から最初に貯金額を差し引く自分用天引きです。給料をもらったら真っ先に貯蓄額を差し引いて貯金してください。これまでの節約から毎月の生活費が計算されますので、残りの金額よりやや多めに天引きして貯金をしてください。頑張って生活費を切り詰めて、手取り給料から、たとえば6万円貯金できるとしますと、6万5000円から7万円を天引き貯金し、そこから残ったお金で生活をしてください。これで確実に貯蓄ができお金が貯まっていきます。

あとは、両親からお金を借りてください。親に無心するというのに抵抗がある方も多いと思いますが、返済する意思があることや、そのお金を使って投資をし、そこからの収入できちんと返済する計画を示せば、理解を示してくれるはずです。親からお金を借りる場合、返さなくても大丈夫と思い、軽い気持ちで無心する方が多いと思います。それでは両親も無駄遣いのための無心と思います。しかし、きちんと返済計画を示して自分の投資についての考えを話せば、理解してくれます。親ほど自分の子どもの幸福を願っている人はいません。本人が本気で取り組んでいれば、何とかしてあげようと思います。だからこそ、オレオレ詐欺や振込め詐欺が毎年後を絶たないのです。銀行に融資の申し込みをするのと同じように、融資依頼書と収支表を作って、そこから「これだけは返済できる」と説明すれば、わかってくれるはずです。何とか助けてやろうと考えてくれるはずです。

とにかくお金を貯められることはすべてやってください。

まとめ

- **生活費を切り詰める。不必要なものは買わない**
- **天引き貯金をする**

\ こぼれ話 1 /

アメリカＦＲＢ（連邦準備理事会）

世界の基軸通貨である米ドルの金利等を決定することができるＦＲＢは、２０１７年７月のＦＯＭＣ（連邦公開市場委員会）で、ＦＲＢの保有資産規模を縮小することを決定し、早ければ９月からスタートするかもしれませんが、注目すべき点はその方法です。

もともと資産を増やしたというか、増やさざるを得なかったのは、２００８年９月のリーマンブラザーズ倒産に端を発する、リーマンショックの影響を受けたことが要因として上げられます。市場への影響を最小限に食い止めるために資金を大量に市場に供給し、そのために国債やＭＢＳ（住宅ローン担保付債券）を大量に購入しました。市場から債券を購入するわけですから、市場にお金が多く出回るようになります。同時に金利を大幅に下げ、ゼロ金利政策をとります。

「資産圧縮」といいますと、普通、所有資産である国債やＭＢＳを市場に売却することと思うのですが、そうしますと国債やＭＢＳの価格が下がり、中・長期の金利が上がってしまいます。これでは景気を冷やすことになりかねないので、有効な手段とはいえません。

そこでＦＲＢは、償還してくる国債よりも少ない国債しか発行しないことを考えているようです。実にうまい方法ですね。つまり、償還される国債が10億ドルあるとしますと、新規国債は7億ドルとか5億ドルに留めるわけです。通常は償還される金額と同額か、それよりも多く新規発行するのですが、新規発行を少なくすることで、市場の資金を吸い上げ少なくするのです。この方法ですと供給が少なくなり、国債の価格は上昇して金利は低下することになります。

ＦＲＢは、ニュース等で中央銀行に当たるといわれます。しかし、中央銀行ではなく、私企業なのです。私企業ということは出資人や会社があるわけですが、どういった顔ぶれかおわかりでしょうか？

たとえばＪＰモルガン・チェース銀行や、ゴールドマンサックス、ロスチャイルド銀行等です。金利を決定したり、紙幣の新札を刷ったりといった、世界の基軸通貨であるドルをコントロールするＦＲＢのオーナー企業が、このような銀行・金融機関なのです。

何を言おうとしているかもうおわかりですね。くわしくは、自著「ドル資産を持て！」（週刊住宅新聞社刊）をご参照してください。

第2章

IPA、IPVとは？

1

収入を生み出しているのはほとんどご自身

　ＩＰＡ、ＩＰＶとは、**収入を生み出す資産**のことをいいます。現在、収入を生み出しているのはご自身ですね。会社で仕事をして給料（収入）をもらっています。今、もしリストラになり急に給料がストップしても、生活できますか？

　生活費のすべてを自分の給料で賄っています。仮に月給50万円とします。もし他の方法（＝投資）で毎月50万円の収入があれば、働かなくても大丈夫ですね。しかし、筆者はそれでも会社で仕事を続けていただきたいと思います。その理由は、序章で述べましたように、固定収入のある会社勤務ですとローンが通りやすい、イコール不動産投資がしやすいからですが、後ほど詳しく解説します。

　では、ＩＰＡ、つまり収入を生み出す資産＝Income Producing Asset とは、どんなものでしょうか？　収入を生み出すのですから、自身の労働以外では、どんなものがあるでしょうか？

2 自分自身以外に他のＩＰＡを探し作る

現在のほとんどの収入を生み出している自身の労働、会社勤務等以外にＩＰＡをみつけることです。自身の本業に加え、新たな収入を生み出す投資を探すことです。なぜなら、自身が会社勤務等で主たる収入を得ていても、左遷や降格で収入が減ってしまうこともあるからです。あるいは病気になったり、最悪の場合は、リストラ＝クビになったりする可能性もあります。こうなると大変ですから、収入を確保する意味からも、会社勤務等以外にも収入を生み出す資産を探し、みつけることが大変重要になります。何がお金を生み出すのかを考える必要があると思います。

仮に１００万円の現金があるとします。普通であれば、銀行に預けますね。では、いくらの収入を生み出すでしょうか？　預金金利が一番高いのは静岡銀行で０・25％。１００万円の場合、１年で２５００円です。

銀行に預けず、誰かに貸せば３％や５％となり、銀行よりももっと稼げます。銀行にお金を預けるということは、銀行に自分のお金を貸すということです。貸出先が銀行かその他になるかどうかです。もちろん銀行であれば安全ですが、他に貸すとなれば本当に返ってくるのか心配になります。だからこそ、担保や保証を取るわけです。銀行が貸出するのと同じです。個人に貸すより、法人（会社）に貸せば安心ですが、現在は超低金利ですから、銀行よりちょっぴり高いだけです。国に貸す場合は、国債になります。

では、もっと収入を生み出すものは?

それは、「投資」になります。投資の種類等は、次章の「投資」のところで解説します。また、投資以外でも他に収入を生み出すものはいくらでもあります。たとえば、特許権や著作権等です。そのためには、自分で独自のものを作り出さなければいけませんが。

3 ネットIPAを増やす

まえがきで述べた**絶対資産**とは、**収入を生み出す純資産**ですから、ネットのIPA、つまり「Net IPA」ということで、「nIPA」ということになります。純資産は、現金や預金等で、かつ総資産から借金を除いたものが純資産ですので、借金を減らせば減らすほど純資産は増えます。

たとえば、5000万円のマイホームを頭金500万円、ローン4500万円で購入しますと、総資産額は5000万円ですが、純資産額はローン（4500万円）を差し引いた500万円になります。借金を返せば返すほど、純資産は増えていきます。

なぜローン借金を返済するのがよいのか。もちろん純資産額がその分増えていくからなのですが、それ以上に毎月の返済金額が減るからなのです（ローンの条件にもよりますが）。その分また収入が増えますので、それでさらに返済すれば、また返済金額が減っていきます。好循環です。また、不動産価格が上がれば、その分だけ純資産は増えます。このように、純資産を増やして収入を生み出してください。

まとめ

●**絶対資産＝ネットＩＰＡ（収入を生出す純資産）を探し作る**

＼こぼれ話 2／

不動産投資の甘い罠

２０１７年6月24日発行の週刊ダイヤモンドの特集は、非常に参考になります。

「土地がなくても、頭金が少なくても、アパート経営はできる」という宣伝文句でアパート一棟を売りまくっている会社がありますが、この宣伝文句、実にうまいものだと思います。

アパート経営ができるといえば、何となく優越感をくすぐられますし、また、どこにも成功するとは言っておりません。営業マンから「アパートオーナーになれますよ」と言われると、「自分もいよいよアパートオーナーだ」と舞い上がってしまい、まんまと営業マンの術中にはまることになります。

ところが、この会社が提案する投資の試算、プロジェクションですが、まず驚くのは35年間家賃が変わらないことです。これからも人口減少が続くなか、35年も家賃が変わらないことは、あり得ないはずです。さらに空室損失を加味していないのです。こんな非現実的な試算表は全く信じられないです。

筆者が強調したいことは、投資で重要な試算表プロジェクションは、自分自身で作成しないといけないということです。そのために本文で申し上げていますが、自分の眼、耳、足などで、実際に調査した情報と勉強が大事になるわけです。自分自身でこのプロジェクションの試算表が作成できれば、穴だらけの試算表を見抜けますし、ポイントをついた質問もできます。

大○建託、大○ハウスが郊外のアパートを販売しています。関東近郊の地方都市。JRの駅から車で20分ほどのところにアパートが何棟も建っています。アパートを建てて販売するのですが、ここでも甘い試算による計算違いのケースがあります。

賃料がどうも高目に設定されているようで、フタを開けてみると、家賃を下げる交渉になるようです。家賃を下げると当然収入は減りますので、ローンの支払いが苦しくなります。最悪の場合、自分の手元資金から毎月の持ち出しで赤字となります。

空室率も、この会社の自社管理で平均3%程度と発表しているのが、実際は10%前後だったりします。また外装塗装も、他社に依頼すれば半額になるらしいです。とんでもない内容ですが、どうして買ってしまう人が絶えないのでしょうか？　それは、営業文句もさることながら、自分で勉強せず、自分の足で調べて情報を集めないで、「でき上がり商品」を買うからです。

でき上がり商品というのは、仕上げる手間をその会社でかけているので、その分儲かるのです。もちろん土地の仕入れや建築費等、資金的に会社はリスクをとっていますが、でき上がった物件にたっぷり儲けを乗せて販売しているのです。会社は大儲けです。

聞いた話では、地方都市の地主が取引銀行の担当者と、その担当者が紹介してくれた建設・開発業者の「相続税対策として所有している土地にアパートの建設を」という話にだまされ、資産を没収されたということがよくあったそうです。地方で取引銀行からの話となると、ついつい信用してしまうのですね。銀行さんがやっているし、紹介してくれる開発業者だからと、銀行の言うことは何でも信用します。

ここでも申し上げますが、銀行は100%、いや、それ以上に銀行だけの都合で商売をします。彼らはローンを増やしたいからと、その一念だけで、そんなにうまくいくはずもないアパート建設を、ご丁寧に業者を連れて地主さんに話を持ちかけるのです。

こうした話にたくさんの地主さんが乗ってしまい、思うように入居せず、希望者が来ても想定より（銀行の想定です）低い賃料になったため、赤字経営となり、ローン支払いが滞りがちになってしまい、最終的には支払うことができなくなり、物件をまるごと取られてしまうケースが多々あったようです。銀行は貸すだけ貸して、支払いが滞るとたちまち取り上げてしまうのです。

どちらも不動産会社や銀行の話に乗ってしまう悪い例で、原因は自分で勉強せず調べないからです。

筆者が強調したいことは、不動産投資は事業なのです。ビジネスです。したがって、きちんと計画を立て、しっかりと調査をして勉強し、情熱を傾け、そうしたことに時間を費やさなければならないのです。

第3章

投資の基本理念

1 リスクとリターン

「投資をすればお金が増える。金持ちになる」と勘違いしている方が大勢いることに驚きます。もちろん、お金が増えることもあります。ついつい儲かる面だけに目がいってしまいますが、その反対のことも、ほぼ同じ確率で起こってしまうのです。つまり、マイナスになるということです。

ここでのリスクとは、元本リスクのことです。よく「元も子もなくなる」と言いますが、この「元」が投資した資金、つまり元本のことです。ちなみに、「子」は利息や配当のことです。投資した金額までなくなってしまいますと、大変なことになります。資産を作っていくわけですから、いくらリターンがあっても元本リスクが許容できない程度まであれば、その投資はあきらめるのが賢明といえるでしょう。

しかしながら、投資にはリスクは付きものですから、できる限り元本リスクを低くして、

図表 3-1 リスクとリターン

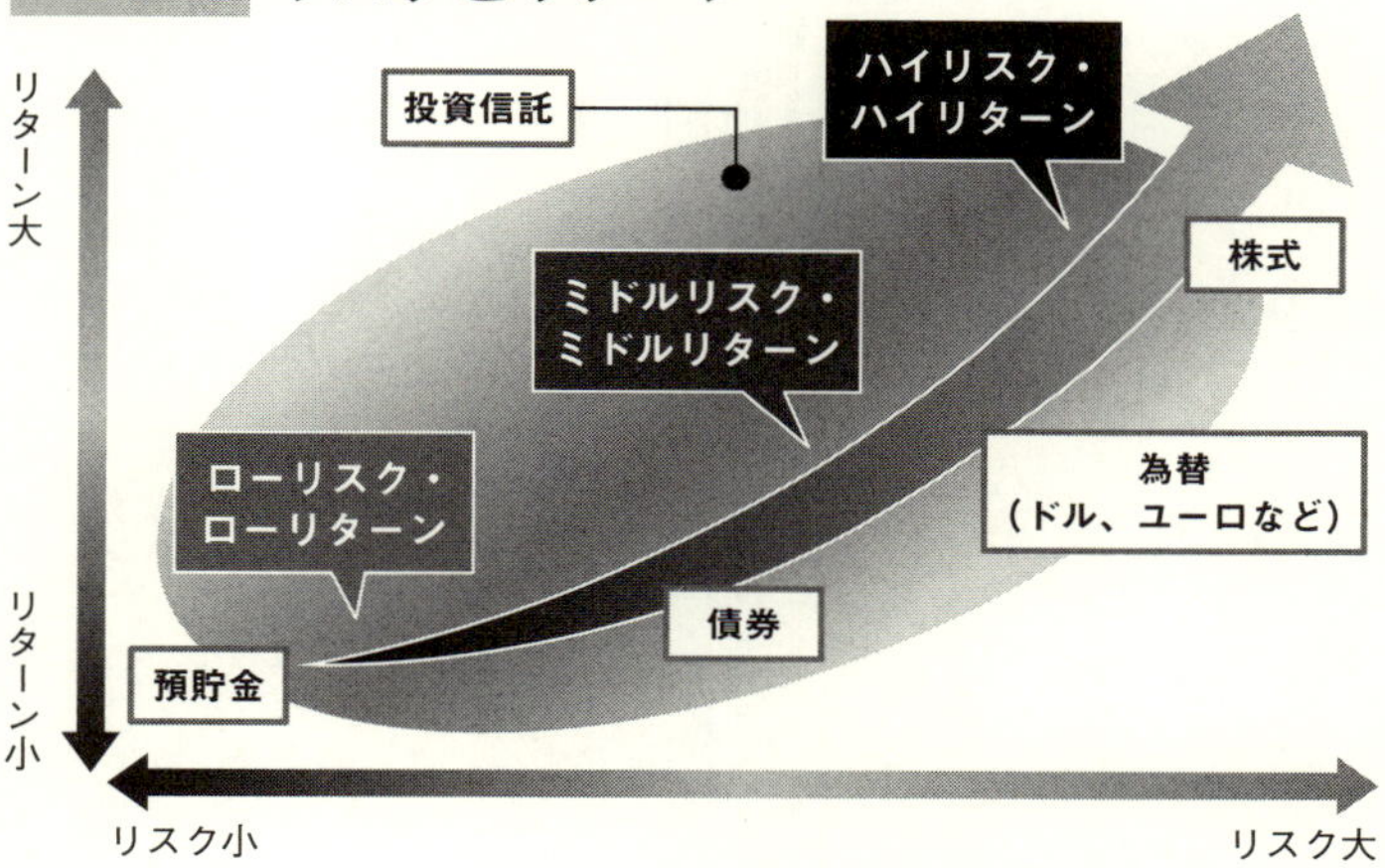

出典：「ダイワ年金クラブ」大和証券

図表 3-2 リスクとリターン

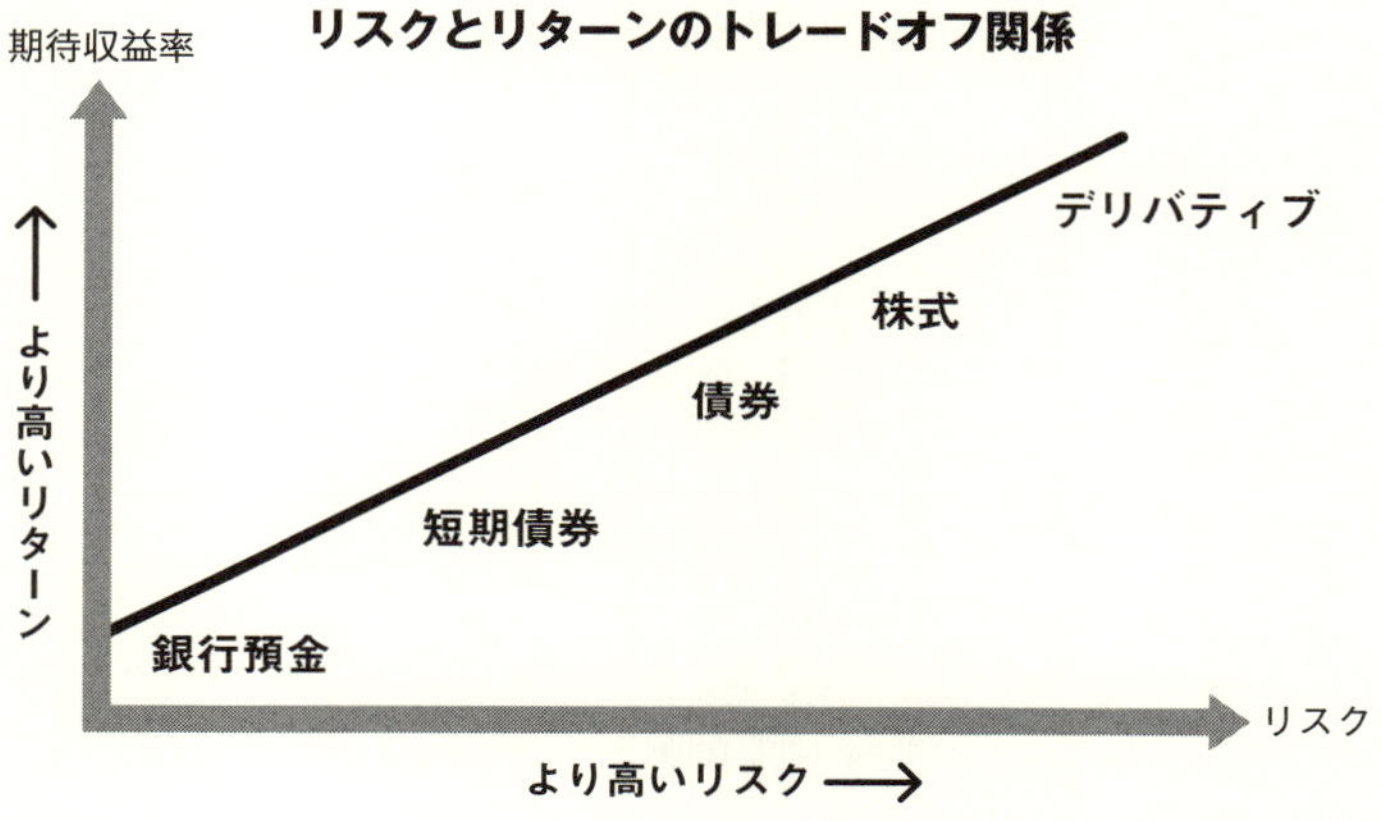

出典：カラフルファイナンシャル香港

リターンが期待できる投資をすべきですが、そういう投資とはいったい、どんなものなのでしょうか？　**図表3－1**と**図表3－2**をご覧ください。

2 投資の種類

投資にはいろいろありますが、主だった投資について解説したいと思います。

① 銀行預金

これは、投資には遠く及びません。リターンが全くないに等しいですね。日銀は、今後もマイナス金利の継続もあり得るとしていることから、当面、預金金利は史上最低金利が続きます。実は、多少なりともリスクはあるのですが、ほとんどの方は銀行はつぶれないと信じています。ところが21世紀に入る直前、90年代の終盤に金融不安が起こり、都銀の一角であった北海道拓殖銀行が破たんしました。証券会社でも、山一證券が廃業に追い込まれました。銀行といえども安心できません。

銀行預金は、投資というより財布代わりではないでしょうか。そして、口座は2つ作成しておくことをお勧めします。1つは自分専用。これは日常生活に必要なお金の出し入れをする、自分個人の貯蓄用です。もう1つは、これから始める投資用の口座です。自分用と投資用とに区別しておくほうが便利で、投資の成績もすぐにわかることから、投資方法の改善にもつながる可能性が出てきます。

② 投資信託

会社員の方は401K＝確定拠出年金プランをされていると思いますが、これは老後資金のごく**一部**だと理解してください。非課税であり、いろいろな金融商品に分散投資できる点が魅力なのですが、リスクの高い商品には投資しないことをお勧めいたします。

筆者も銀行勤務時代に実際に利用していましたが、これまでの運用成績、つまり過去の利回りが高い商品にばかり投資してしまい、株式市場の下落で一気に半分以下になってしまいました。それからは、マネーマーケット（短期金融市場）と国債だけに限定しました。もちろん、この確定拠出年金については利用期間中は非課税ですから、大いに利用すべき備えだと思います。ただ、申し上げましたとおり、老後の備えの一部、あくまで補助と割り切って捉えるべきでしょう。

ただし、一般の投資信託、特に銀行等の金融機関が勧める投資信託商品には気をつけてください。彼らは、自分の実績を上げるためだけに勧めています。お客様のことを思っているなどと思わないようにしてください。そもそも、そんなによい商品であれば自分で購入すればよいので、販売員に「そんなによい商品を勧めるのだから、当然あなたはすでに買っていますよね？」と尋ねてみてください。まず99％買っていません。仮に買っていたとしたら、その販売員の運用履歴書を見せてもらうべきです。

③ 株式／FX（外国為替）

株式やFXで成功している方もいらっしゃいますが、これはかなり専門知識が必要になります。短期のディートレーディングから中・長期保有まで、やり方はさまざまです。むろん、この株式投資でも儲けられますが、本書では不動産投資で資産を作ることを提言します。

また、為替やFXも同様ですが、常にマーケットをチェックしておかなければいけませんので、神経をすり減らします。また、負けたときには破産してしまう等、とんでもないことになりますので、余程の専門家や資金が潤沢にある投資家でないとお勧めできません。

④ 不動産

なぜ不動産投資が一番よいのか。インフレ・ファイター（インフレと戦う人の意味）である、家賃収入がある、値上がりが期待できる、節税に向いている、等々。それらのほとんどは当たっています。確かにビジネスで成功した富裕層やお金持ちの方もいますが、アメリカのそういった方々のほとんどは、不動産で成功しています。ビジネスで成功するよりも不動産投資で成功する方の確率が圧倒的に高いのです。

よく不動産投資の家賃収入は「不労所得」といわれますが、とんでもない間違いです。本書での収入を生み出す純資産＝絶対資産は不動産になりますが、その収入を生み出すために、またそのような資産＝物件をみつけたり、リフォームしたりするのは、「不労」ではないからです。不動産投資は事業です。不動産投資の利益は、大きく分けて次の3つになります。

1 キャッシュフロー収入
2 売却益
3 節税

図表 3-3 投資一覧表

	利益	メリット	デメリット	商品特性	危険度
預貯金	金利	・換金性が良い。 ・1000 万円以下の預金であれば、元本割れの心配がいらない。	・利率が非常に低い。	元金保証、ローリスク・ローリターン	低
不動産	賃料、値上り益	・安定した不労所得を得られる。 ・高利回りが期待できる。 ・節税・相続対策に有効に活用できる。	・空室のリスク。 ・不動産の評価の値下がり。 ・現金化に時間がかかる場合がある。	不動産を担保として融資を受ける為、投資金額は、大きくなる傾向。場合によってはハイリターンを期待できる。イメージ的には、ミドルリスク・ミドルリターン	中
投資信託	分配金、値上り益	・プロの投資家が代わりに様々な金融商品に分散投資してくれる。	・信託先の運用の失敗。 ・購入時の手数料や保有に信託報酬がかかる。	元本保証ではない、投資資金が必要、商品によるがローリスクからハイリターン。イメージ的には、ミドルリスク・ミドルリターン	中
株式	配当、値上り益	・値上り益と配当の両方を狙える。	・株価の下落の可能性がある。 ・企業が倒産したときには、値切れになってしまう。	元本保証ではない、投資資金が必要、商品によるがローリスクからハイリターン。イメージ的には、ハイリスク・ハイリターン	高

1の「キャッシュフロー」は、毎月の家賃収入です。もちろん、経費等を差し引かないといけませんが。3の「節税」に利用される減価償却の会計処理で、キャッシュがその分増えます。この減価償却の利用は、株式投資にはないことです。

そして、2の「売却益」を得ることです。

3の「節税」につきましては、まず不動産投資には減価償却という現金の実態を伴わない会計処理があり、費用を計上しますので、その分課税対象が少なくなります。また、後半に紹介しますアメリカの不動産を利用した加速償却が可能となり、驚くほどの節税ができます。

図表3－3をご覧ください。不動産はハイリターンからミドルリターンとなっている一方、危険度はミドルとなっていますが、きちんと勉強して調査すれば、リスクはかなり減らすことができます。

⑤ 貴金属、絵画等

金（ゴールド）、プラチナ、ダイヤモンド等の貴金属、そして有名で貴重な絵画等は投資の対象とはいい難く、どちらかといえば趣味の範疇に入ると思います。もちろん、それ相当の価値がありますので、投資というよりはいざというときの保険のようなものと捉えるほうが妥当かと思います。

ただ、金（ゴールド）や銀はお金のベースになっているものですので、お金に価値がなくなったり、経済が大混乱したりするような非常時の資産として保有すべきものといえるでしょう。とくに金（ゴールド）はそうで、非常時の現物資産として、できれば年収分程度、少なくとも当面生活できる程度、３ヶ月から６ヶ月分のゴールドを所有すれば、ほぼ万全と思われます。過去のベトナム難民が逃亡する際に身に着けていたのは金＝ゴールドであったことからも、いざというときの貴重な現物資産です。

まとめ

- リスクとリターンは、正比例
- 勉強することで不動産投資はローリスク、ミドルリターン

こぼれ話 3

人生100年？

２０１７年８月現在で、10歳の子どもの平均寿命は１０６歳になるといわれております。そういうことから、人生はこれから二毛作・二期作・三毛作・三期作の時代になるといっている方もいます。今までのように「定年60歳（65歳に延長しているところもあるそうですが）」という人生設計が変わってきています。

これから60歳や65歳で定年退職して、その後どうしていくのでしょうか？　もちろん、趣味などに没頭して悠々自適な生活が送れれば、こんな結構なことはありませんが、それから40年以上も人生は続きます。この間、悠々自適な生活を年金や貯金だけで続けられるのでしょうか？　貯金はどんどんなくなっていきます。年金もこれだけの長期間、全く変更はないのでしょうか？

だからこそ、自分自身の事業（本書では不動産投資）を持つべきです。そして大事なことは、会社勤務と不動産投資事業の両方とも本業とすることです。会社勤務が定年（60歳や65歳）で終了しても、もう一つの本業である不動産投資が自分の事業として残り、没頭することができるのです。もし定年までに不動産投資を始めていますと、退職金が不動産投資資金になり、さらに投資を増やすこともできます。不動産投資を実行せず会社勤務だけであれば、退職金は老後の蓄え＝貯金か、マイホームローンの返済やリフォームに充てることが一般的です。

そもそも、資産価値が落ちているマイホーム物件のローンを返済することは、お金をうまく利用する観点からいえば、全く間違った使い方です。ローンの金利は低いわけですから、できるだけ借り続けるほうが得策です。

会社に勤務して退職するにしても、残り40年ほどの人生が残ってしまい、何も趣味がないと、ムダに時間を過ごしてしまうことになります。しかし、不動産投資を始めていた場合は、自分自身の事業として、それに専念できます。

自分自身の事業である不動産投資の良いところは、自分で仕事時間を決められるということです。もちろん、仕事や相手の都合で日時が決められることもありますが、たいていの場合、自分で時間のコントロールができます。退職後の生活では大変ありがたいことです。要するに、不動産投資をしたり、旅行したり、趣味を楽しんだりと、自由で有意義な生活を送ることができるということです。

人生100年だからといって、全く慌てる必要はないということです。自分で自分の生活や時間をコントロールするのですから、人生100年でも150年でも、全く関係はありません。

第4章

不動産投資で成功するには

1 エリアの選択

人口が減少している状況において、不動産にとって大切な要素である需要が減っていくわけですから、物件のエリアが重要になってきます。東京を中心とした首都圏や大阪・名古屋・福岡等の各主要都市圏は、将来的に安定した需要が見込め、発展性も比較的高いといえるでしょう。

しかしながら、それぞれの首都圏・主要都市圏の中で、どのエリアを選択するのかが大変重要になります。東京ならどこでもよいというわけにはいかないでしょう。市区町村・地方自治体で、都市機能や快適な居住空間を維持する地域とそうでない地域とを分ける計画があるそうで、その見極めがエリアを選ぶ際のポイントになってきます。ヒントとなるのは、開発が行われているか、もしくはこれから行われるかどうか、ということです。つまり、都市機能や快適な居住空間を維持することを念頭に、開発が行われるかということになります。

また、主要住宅販売業者が新築マンションを販売するエリアも注目するところになります。具体的には、国土交通省の「立地適正化計画の意義と役割」のページ（http://www.mlit.go.jp/en/toshi/city_plan/compactcity_network2.html）を参照してください。

また、都市機能という点では、複数路線の主要停車駅周辺は維持されるとみてよいと思います。

国土交通省が２０１０年に、人口、社会経済、国土基盤、産業等の幅広い分野の専門家・識者を対象に実施した「国土の長期展望に関する意識調査」によると、２０５０年の我が国の姿は、次のように想定されています。

人口移動の状況については、人口が都市圏に集中すると想定する回答が多くなっています（**図表４－１**）。また、居住スタイルは、回答者の75％超が「高齢者単独など、世帯人員が一人の世帯で暮らす居住スタイル」の増加を予想し、72・1％が、高齢者が親族以外で集まって暮らす居住スタイルの増加を予想しており、居住スタイルの変化が予想されています（**図表４－２**）。

２０５０年の社会では、交通インフラの整備が進み、都市間では高速ネットワークの整備により移動が速く、便利になるとともに、地域内ではコンパクトシティの取組み等により、徒歩や公共交通による移動で生活に必要な機能がすべてそろうことが想定されていま

図表4－1　2050年の我が国の人口移動の状況

問）今後、2050年にかけての我が国の人口移動の状況について、現在に比べてどのように変化するとお考えになりますか。（移動先）（n=618）

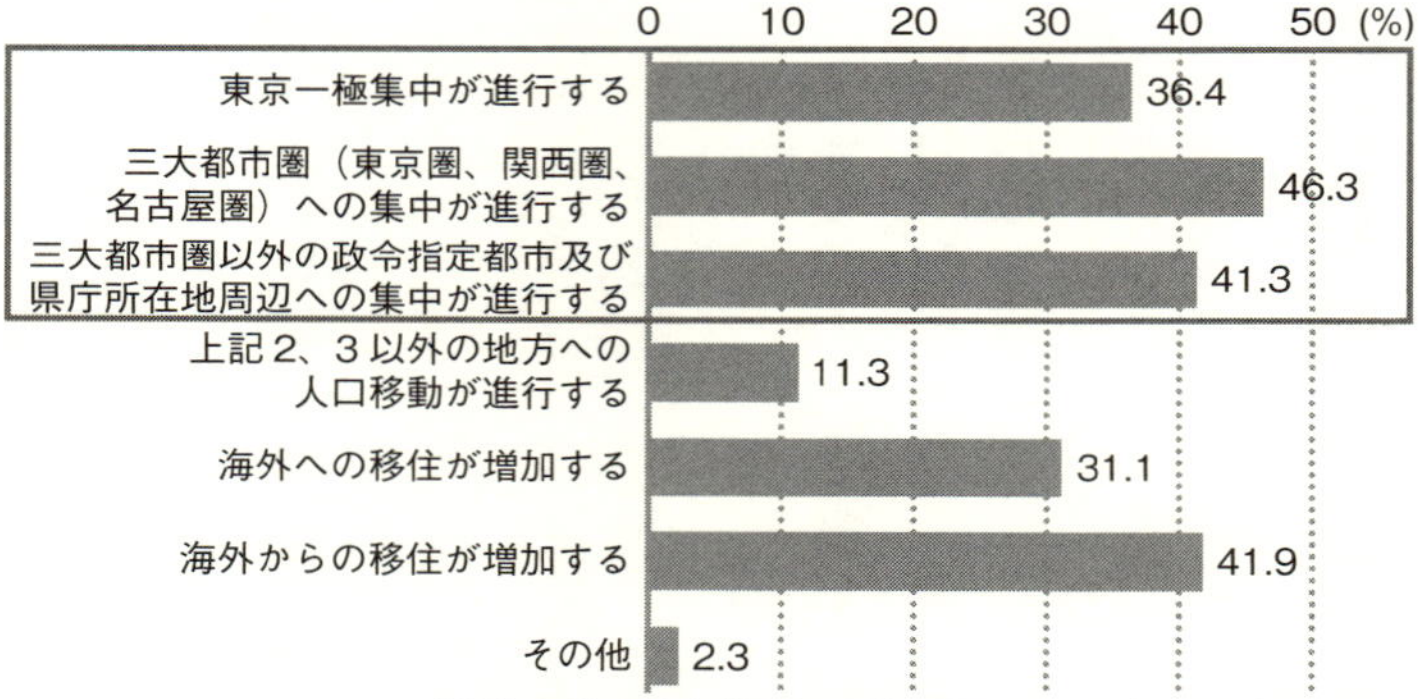

資料）国土交通省「国土の長期展望に関する意識調査」2010年

す。また、テレワーク等の新しい働き方の普及等により、働く場所や時間の制約が少なくなると想定されます。そのような社会で、国民は居住地をどのように選択するのか質問したところ、約半数の人が現在と異なる居住地に住むことを希望するという結果になりました（**図表４－３**）。

また、居住地選択の理由では、「大都市圏の中心部」を希望する人は、「人やものが多く集まっているから」「娯楽施設が充実しているから」といった人やものの集約や施設の充実等の利便性を重視しており、「大都市圏以外の都市の中心部」を希望する人は、人やものの集約や利便性に加え、自然や気候の良さ、「親や子が住んでいるから」といった家族に関する条件も重視しています

図表 4-2 2050 年の我が国の居住スタイル

問）人口が減少していく一方、2030年まで世帯数はほとんど変わらないと予測されています。高齢者のグループホーム、若年層を中心としたルームシェアなど、従来の「家族」単位にとらわれない居住も都市を中心に話題となっています。「家族」のあり方も時代とともに変化していくと考えられますが、2050年頃には、我が国における居住スタイルはどのように変わっていくと予想されますか。（三大都市圏）

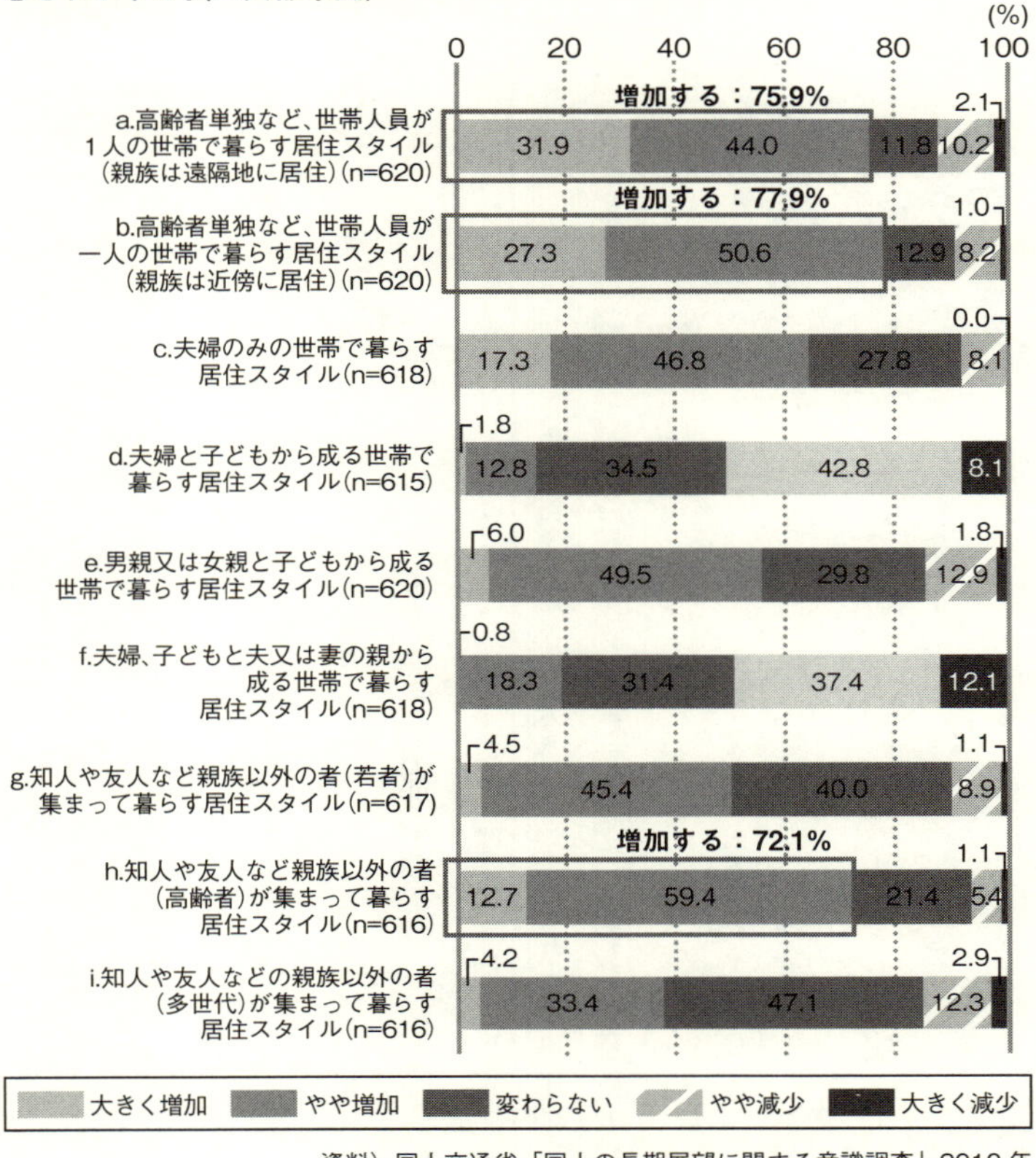

資料）国土交通省「国土の長期展望に関する意識調査」2010 年

図表4-3　2050年の国民は居住地をどのように選択するのか

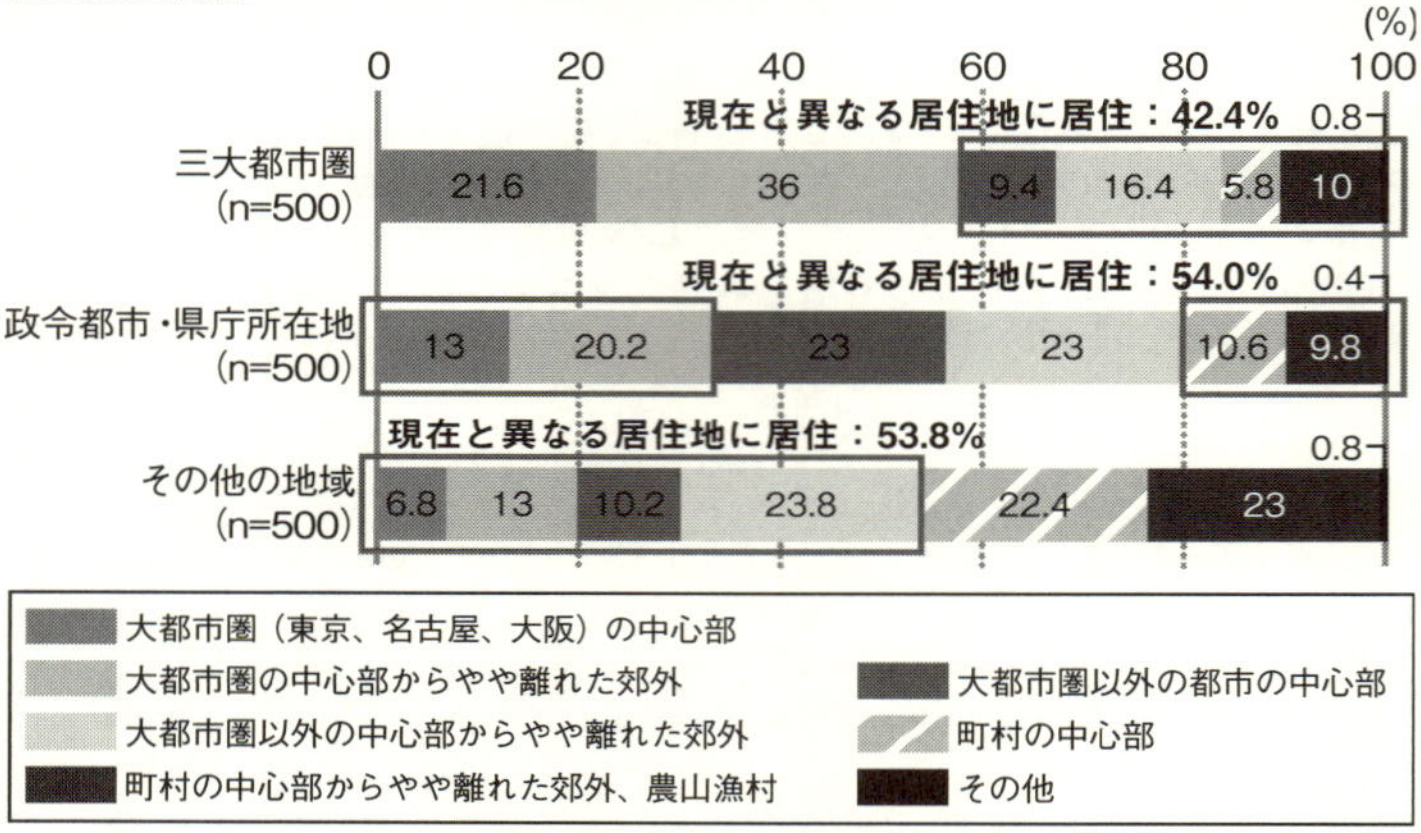

資料）国土交通省「国民意識調査」2010年

（**図表４－４**）。一方、大都市圏以外の都市の中心部以外の地域を希望する人は、自然や気候の良さ、家族に関する条件のほか、「災害リスクが低い」ことを居住地選択の理由に挙げる人が比較的多いです。

このように三大都市圏を中心に人口の集中が早まりますが、日本の不動産資産の規模はまだまだ大きく、不動産投資市場のさらなる成長が期待されています（**図表４－５**）。

また、２０１２年に国土交通省が、不動産投資または融資に関する主な機関・企業約１０００社に対して行ったアンケート調査の結果を掲載しました。現在の不動産投

図表 4-4 2050 年の居住地選択の理由

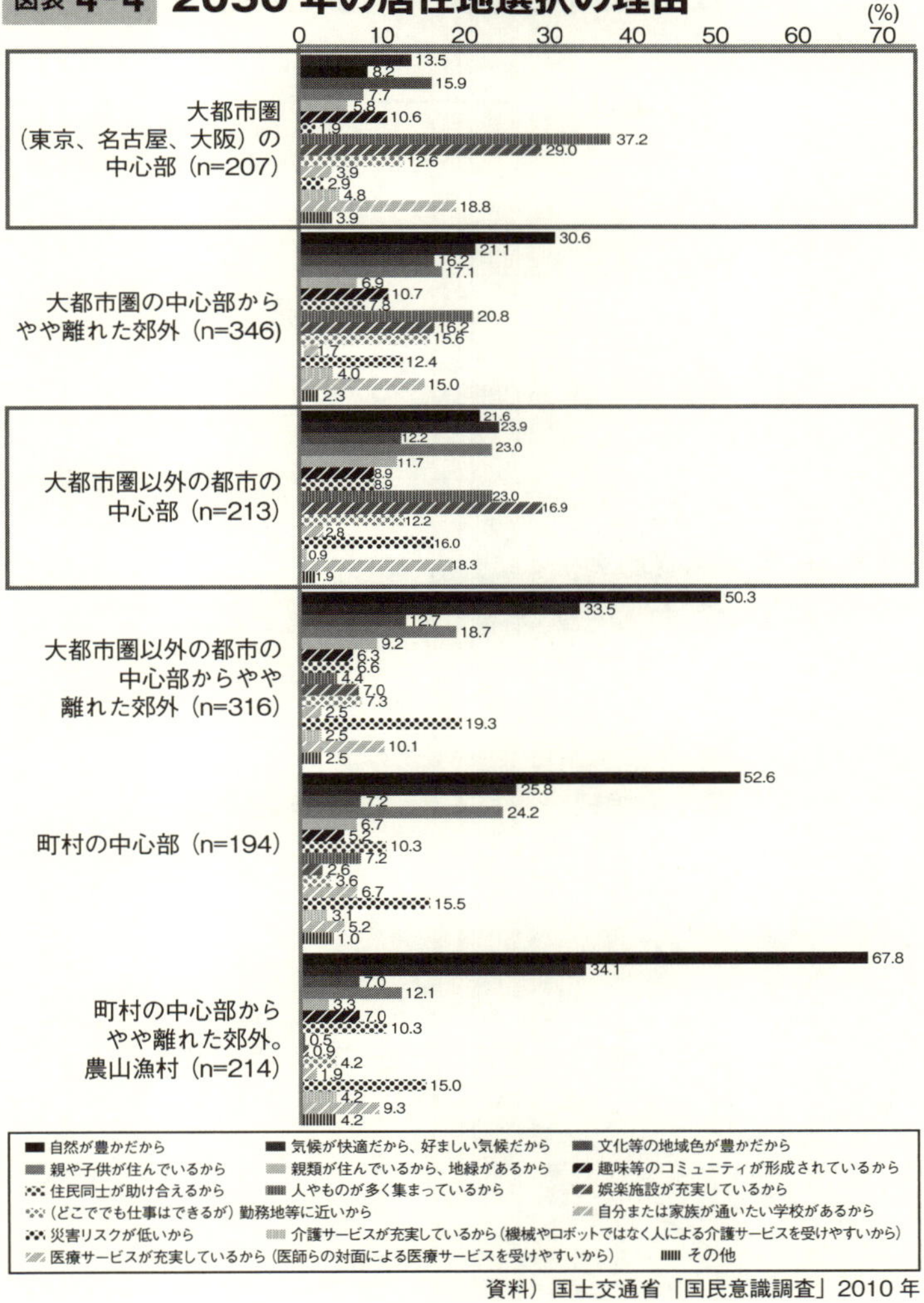
(%)
0 10 20 30 40 50 60 70
大都市圏（東京、名古屋、大阪）の中心部（n=207）
13.5 8.2 15.9 7.7 5.8 10.6 1.9 37.2 29.0 12.6 3.9 2.9 4.8 18.8 3.9
大都市圏の中心部からやや離れた郊外（n=346）
30.6 21.1 16.2 17.1 6.9 10.7 7.8 20.8 16.2 15.6 1.7 12.4 4.0 15.0 2.3
大都市圏以外の都市の中心部（n=213）
21.6 23.9 12.2 23.0 11.7 8.9 8.9 23.0 16.9 12.2 2.8 16.0 0.9 18.3 1.9
大都市圏以外の都市の中心部からやや離れた郊外（n=316）
50.3 33.5 12.7 18.7 9.2 6.3 6.6 4.4 7.0 7.3 2.5 19.3 2.5 10.1 2.5
町村の中心部（n=194）
52.6 25.8 7.2 24.2 6.7 5.2 10.3 7.2 2.6 3.6 6.7 15.5 3.1 5.2 1.0
町村の中心部からやや離れた郊外。農山漁村（n=214）
67.8 34.1 7.0 12.1 3.3 7.0 10.3 0.5 0.9 4.2 1.9 15.0 4.2 9.3 4.2
自然が豊かだから
気候が快適だから、好ましい気候だから
文化等の地域色が豊かだから
親や子供が住んでいるから
親類が住んでいるから、地縁があるから
趣味等のコミュニティが形成されているから
住民同士が助け合えるから
人やものが多く集まっているから
娯楽施設が充実しているから
（どこででも仕事はできるが）勤務地等に近いから
自分または家族が通いたい学校があるから
災害リスクが低いから
介護サービスが充実しているから（機械やロボットではなく人による介護サービスを受けやすいから）
医療サービスが充実しているから（医師らの対面による医療サービスを受けやすいから）
その他

資料）国土交通省「国民意識調査」2010 年

図表 4-5　我が国の不動産投資市場の概要

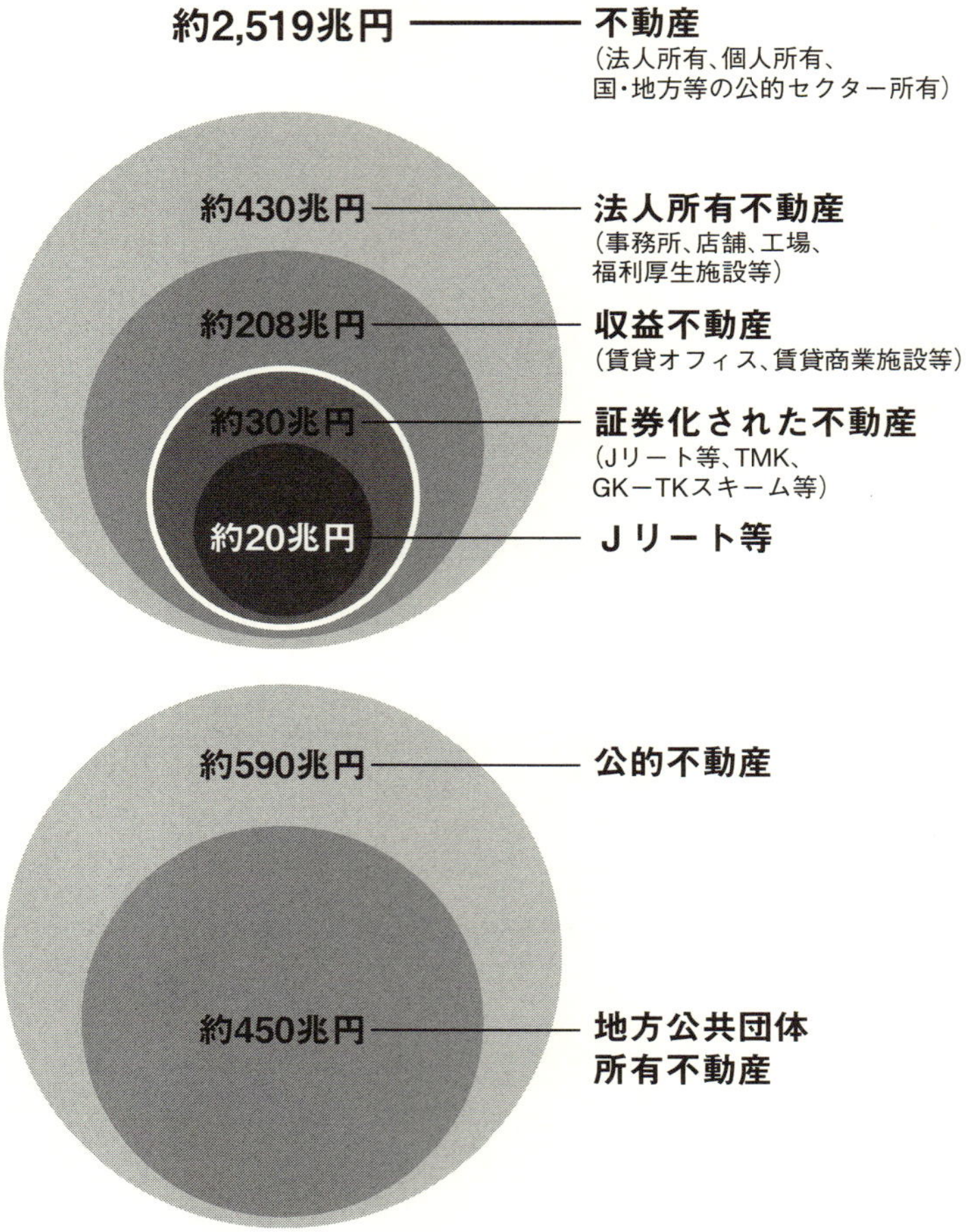

資料）国土交通省「不動産資産市場の成長に向けたアクションプラン」

図表 4－6　投融資している不動産等の用途 (MA)

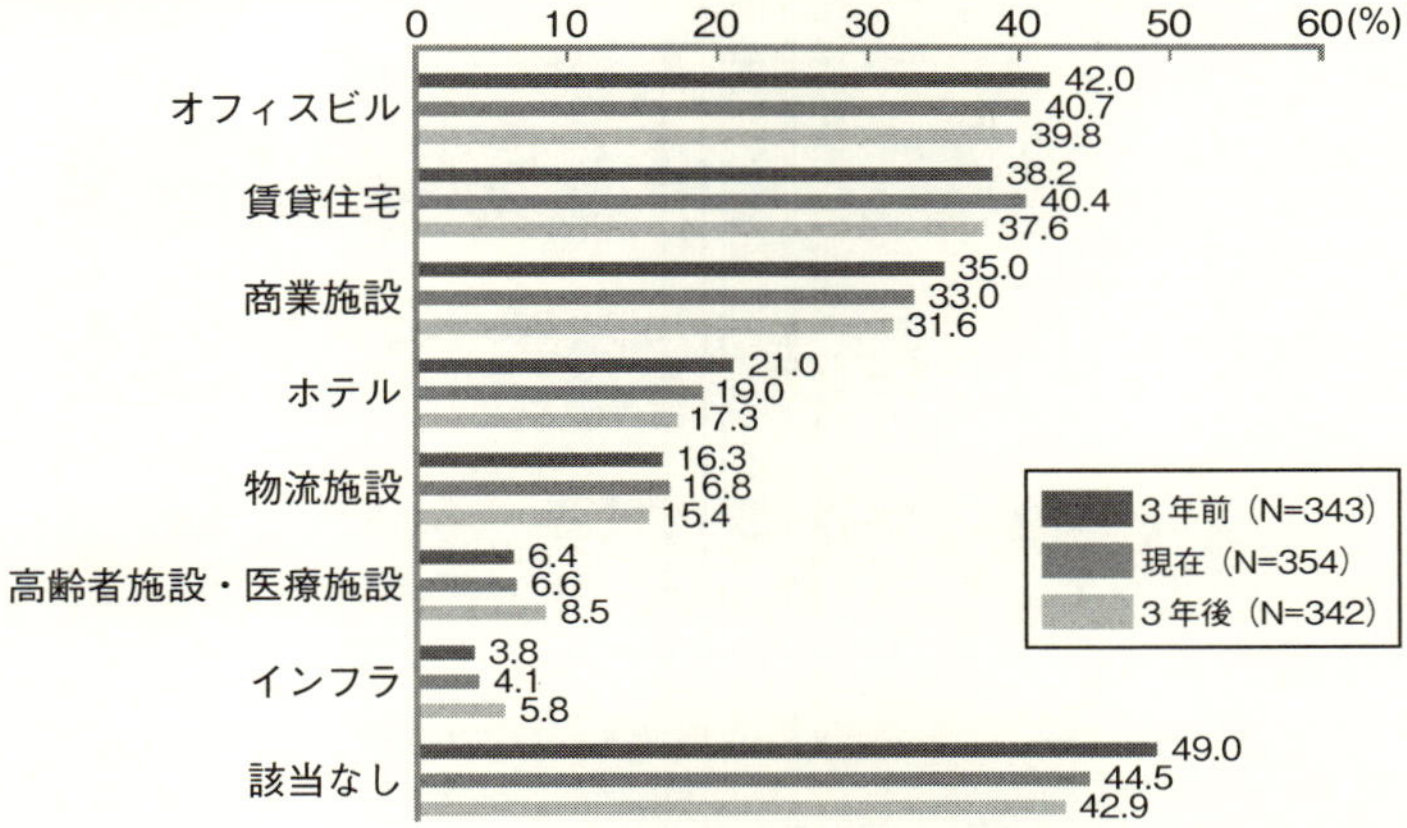

資料）国土交通省「不動産投資家アンケート」2012 年

資市場の現況、投資するに際して、どこに重点を置いているのか、大変興味深い内容です。

まず、「投融資している不動産等の用途」では、「高齢者施設・医療施設」「インフラ」が相対的な割合は小さいものの、逓増傾向となっています（**図表４－６**）。「各エリアにおける今後の不動産投融資姿勢」では、国内の三大都市圏について「不動産投融資を拡大する」（26・1％）傾向がみられる一方、国内の地方圏は「不動産投融資を縮小する」（12・6％）が「不動産投融資を拡大する」（8・7％）を上回り、三大都市圏と地方圏との二極化が明らかになりました（**図表４－７**）。

「魅力的な都市を形成するために必要な要

図表 4-7 各エリアにおける今後の不動産投融資姿勢（SA）

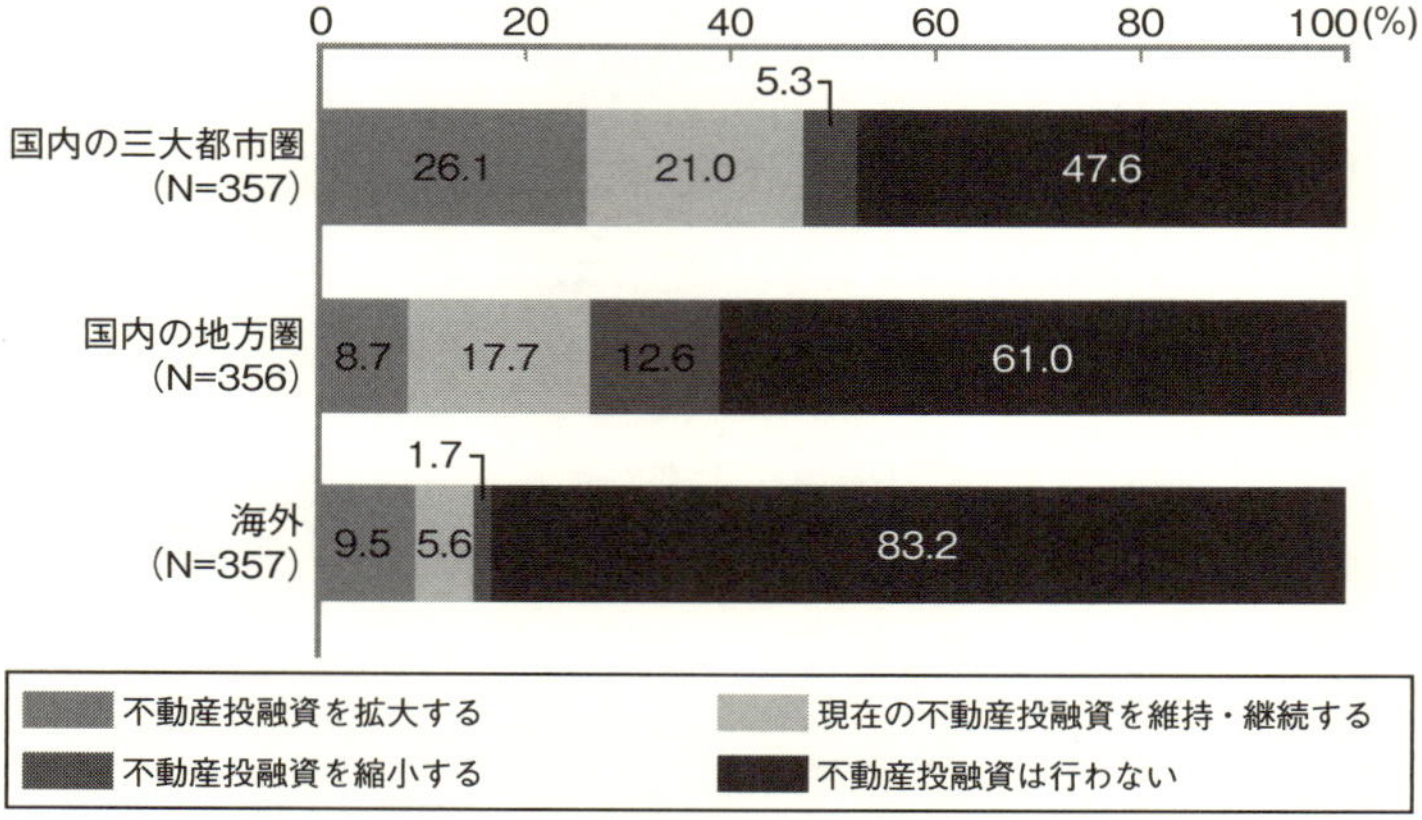

資料）国土交通省「不動産投資家アンケート」2012 年

図表 4-8 魅力的な都市形成に必要な要素（MA）

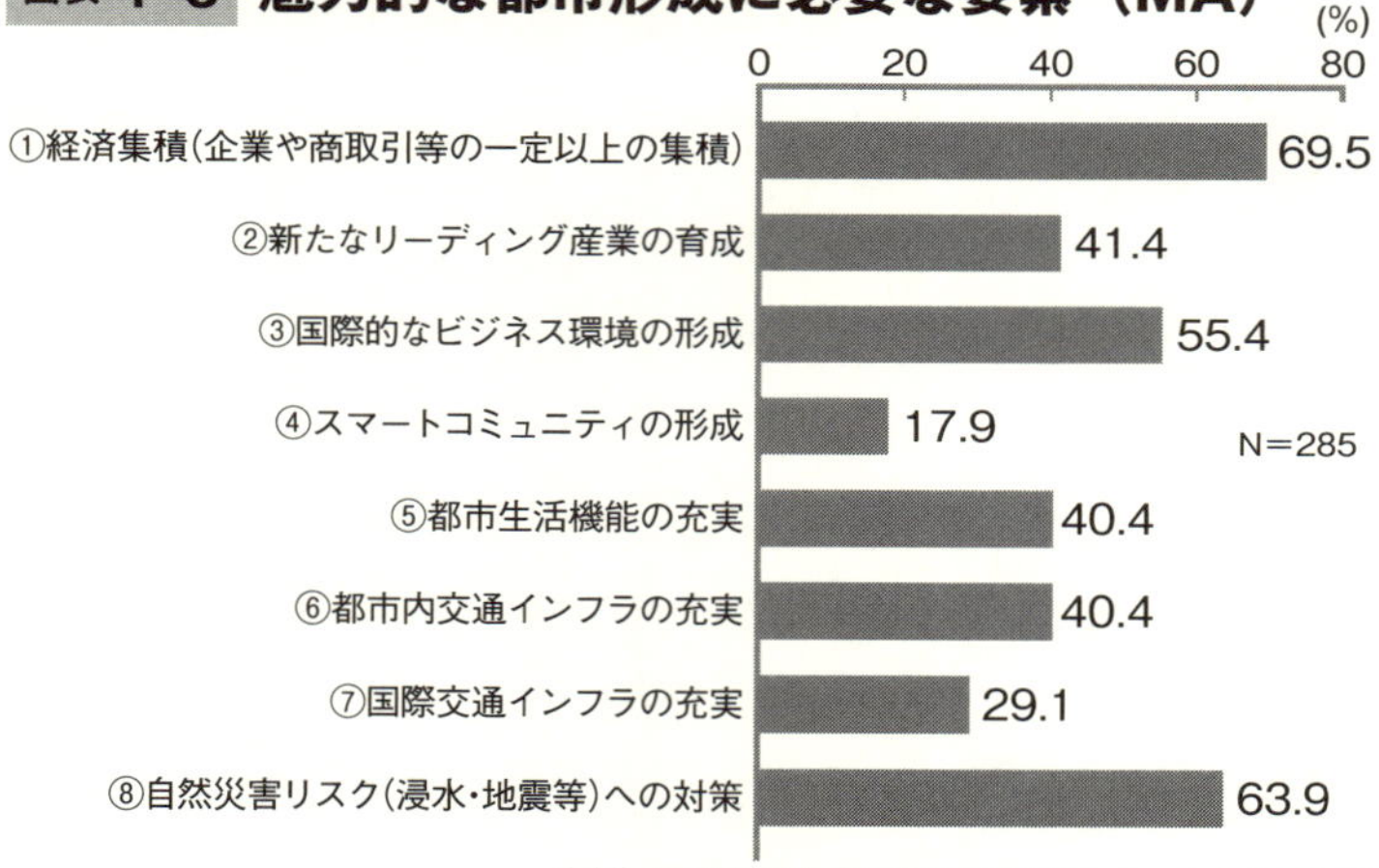

資料）国土交通省「不動産投資家アンケート」2012 年

素」については、「①経済効果」に次いで「⑧自然災害リスクへの対策」「③国際的なビジネス環境の形成」があげられ、魅力的な都市形成には、「安全・安心」が必要な要素を考えています（**図表４－８**）。

「不動産投資市場への評価（重要度と充足度）」では、「⑤市場の持続的な成長」「③投資対象不動産・商品の流動性」「⑩長期安定的な投資姿勢の投資家層の厚さ」「⑥投資指標情報の信頼性・入手のしやすさ」は相対的に重要性が高いものの、現状充足度は不十分である、今後この分野への政策ニーズが強いことが明らかになりました（**図表４－９**）。

さらに、一般財団法人日本不動産研究所が２０１７年４月に同様に不動産投資家向けに行った調査結果も掲載しています。

「不動産投資家の今後1年間の投資に関する考え」は、「新規投資を積極的に行う」の回答が88％で前回比３％上昇し、「当面、新規投資を控える」の回答が９％で前回比２％低下したそうです（**図表４－10**）。

日本の不動産投資市場を取り巻く、今後のネガティブな要因として、「②金利上昇リスク」「①賃料の伸び悩み」「④レンダーの融資姿勢の変化」が上位を占めています（**図表４－11**）。

これらの点を踏まえ、具体的に不動産投資をどのように進めていくのか、みていきましょう。

図表 4-9 不動産投資市場への評価（重要度と充足度）

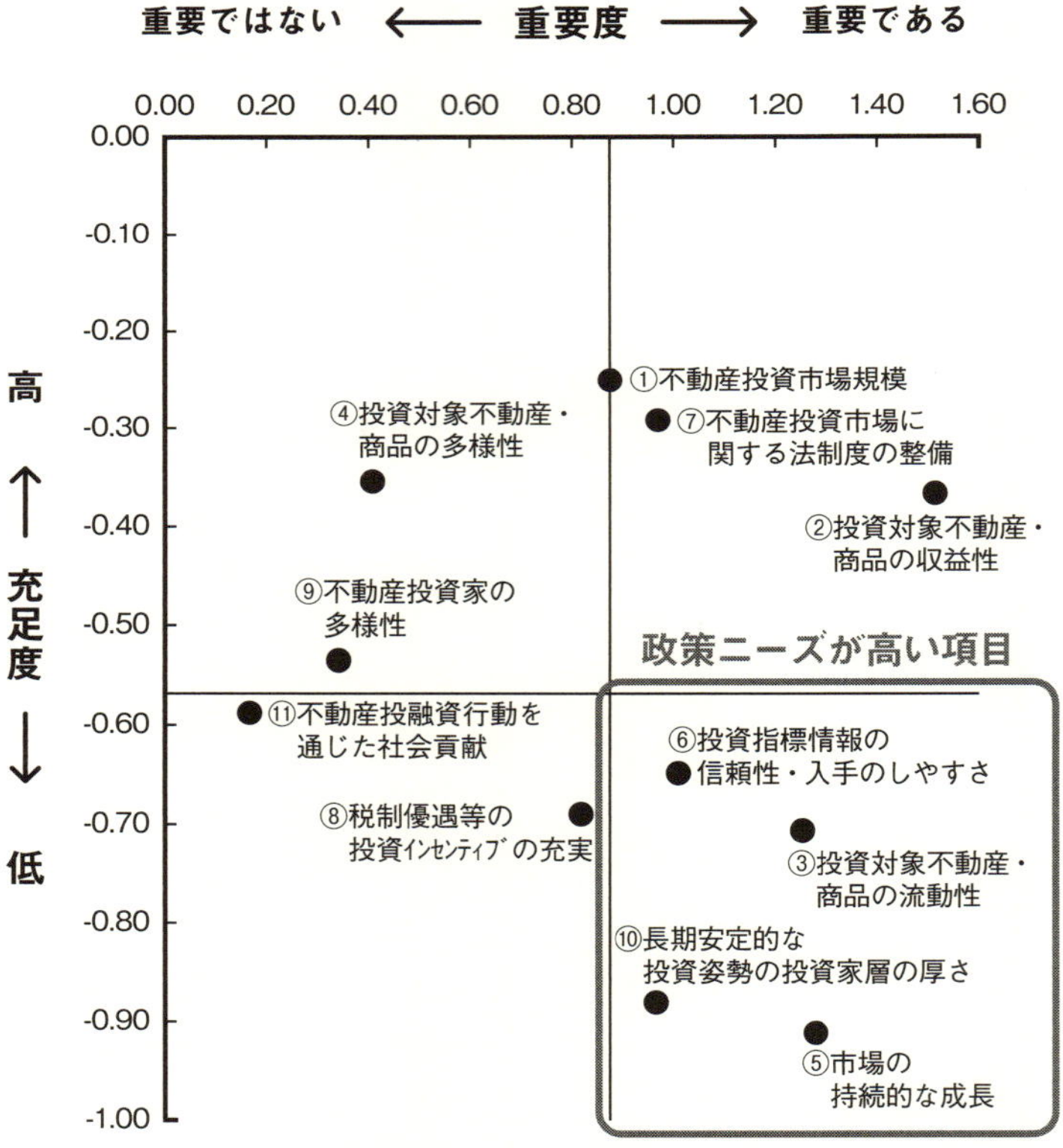

※青線はそれぞれの項目の平均値を示す

※重要度＝(「重要」と回答した企業比率×2＋「やや重要」と回答した企業比率×1)
＋(「あまり重要ではない」と回答した企業比率×(-1)＋「重要ではない」と回答した企業比率×(-2))
充足度＝(「充分である」と回答した企業比率×2＋「概ね充分」と回答した企業比率×1)
＋(「やや不充分」と回答した企業比率×(-1)＋「不充分」と回答した企業比率×(-2))

資料）国土交通省「不動産投資家アンケート」2012 年

図表 4-10 今後1年間の不動産投資に対する考え方

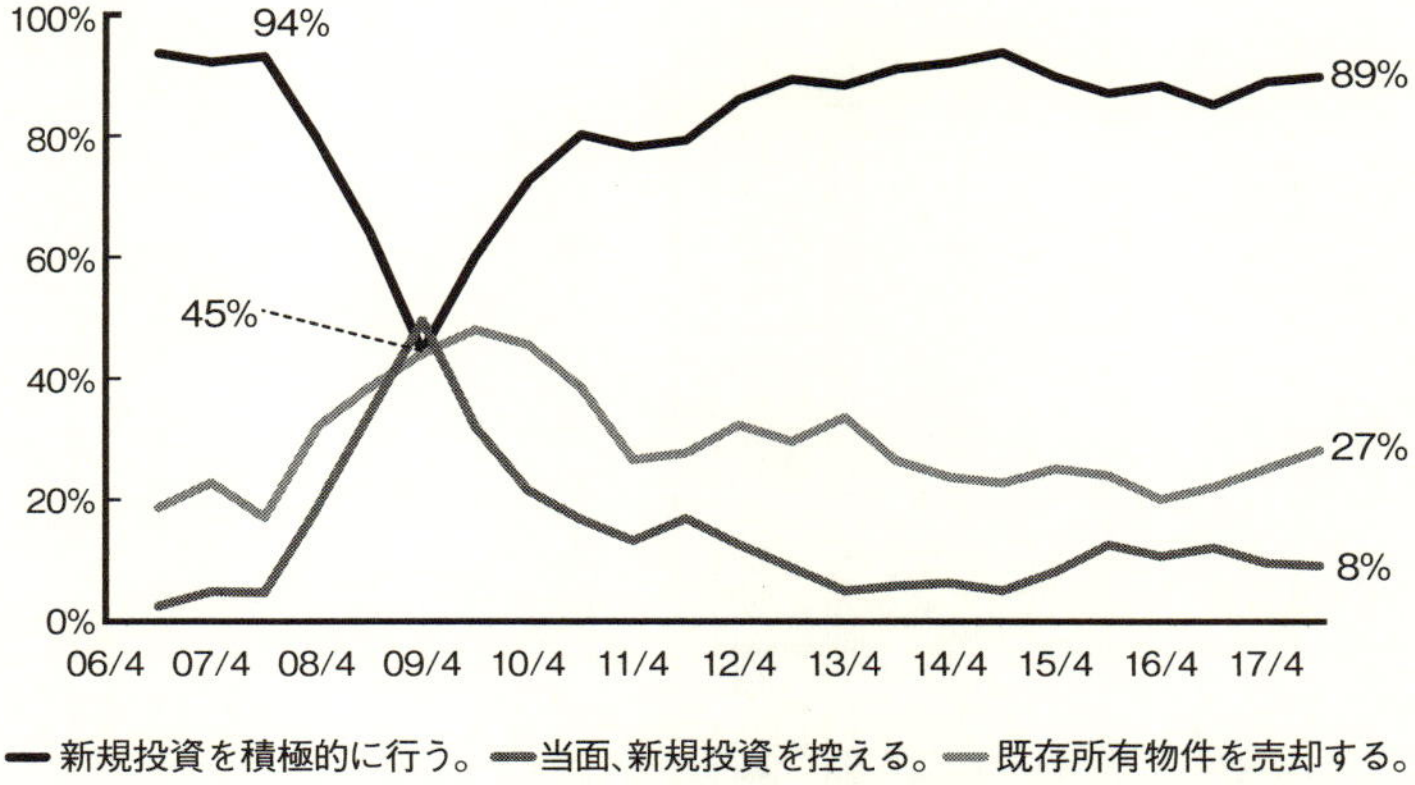

資料）（一財）日本不動産研究所「第37回不動産投資家調査」（2017年10月）

図表 4-11 日本の不動産市場を取り巻く今後のネガティブな要因

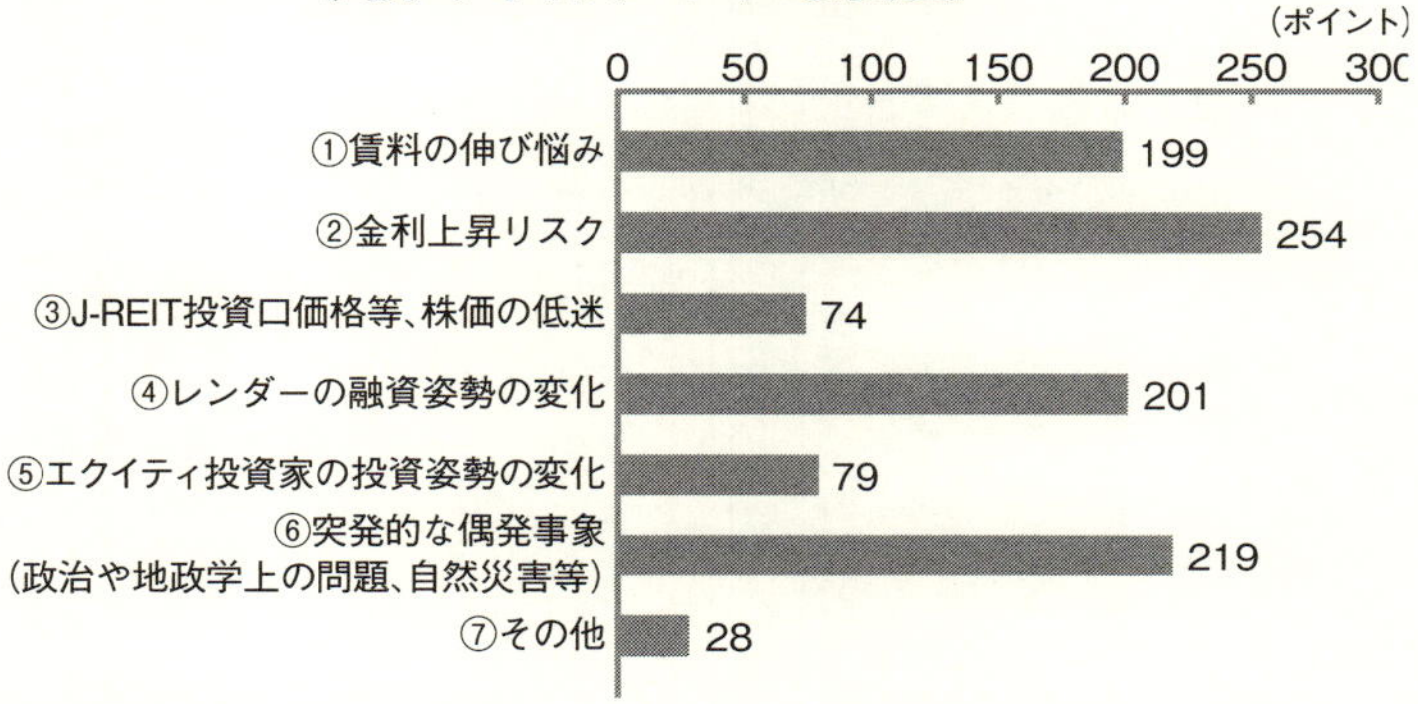

（※）質問はランキング方式で実施。
各ランキングに右のとおり配点し総合得点を集計（1位：5ポイント、2位：3ポイント）

資料）（一財）日本不動産研究所「第37回不動産投資家調査」（2017年10月）

2 成功者の手法を習得するには

前章でも述べましたが、日本でもそうですがアメリカではお金持ち・富裕層のほとんどが不動産で成功しています。不動産が一番確実で安全な投資ということです。お金持ちしか不動産投資ができないと思わないでください。誰にでもできます。

今や空前の超低金利時代です。銀行は、お金の運用ができないため担保がしっかりしている不動産融資に傾斜するのです。日銀では、不動産融資が過度に多いと警告を発しています。しかしながら、それでも融資はまだまだ受けられます。しっかりと勉強してきちんとした投資戦略を立てて無茶さえしなければ、失敗することはあり得ません。

それから、「買ったはいいがマーケットが下がって安くなったらどうするのか」とよく聞かれますが、答えは簡単です。売らなければいいのです。なぜ安くしか売れないときに売ろうとするのでしょうか？　もちろん、これにはキャッシュが回っていればという前提が必要になりますが、キャッシュが回っていて収益を出していればわざわざ安く売る必要はないわけです。市場が回復して売却益が出るときに売ればいいのです。したがって、失敗しないということです。

サラリーマン大家さんやメガ大家さん、ギガ大家さんがどんどん資産を増やしています。資産を増やす一番の早道は、不動産投資で増やしていくことですが、成功者の手法を勉強してその本質を探ることも一つの方法です。成功した要因は？　ぜひともやっておかなければならないことは何か？　いくつかあります。

① 不動産投資に関する書籍

不動産投資で成功したり、資産を増やせたといった内容の本をできれば10冊くらいは読みこなしたいものです。読みこなすということは、ただ単に字面を読むということではなく、本の内容をほぼ完全に理解するということであり、その本の伝えたいことやポイント・要点をつかむことです。読み終わったら、その本が強調していることを書き出してください。その本の最初か最後のページにまとめて書いてみてください。

どのような本が良書かという点については後で述べますが、不動産塾のメンバーに推薦してもらう手もあります。アマゾンで星がたくさんある本も参考になります。また、不動産特集を組んだ雑誌もありますので、いろいろ読んで参考にしてみてください。成功者の本だけでなく、1冊くらいは不動産投資に否定的な本や、不動産投資で失敗した事例が書かれている本も読む価値はあります。つまり、そんな失敗はしなければよいわけで、前もって学ぶことは「転ばぬ先の杖」で、それはそれで有益といえます。

雑誌になりますが、『週刊ダイヤモンド』の２０１７年６月24日号・第１０５巻24号の「不動産投資の甘い罠」特集は、一読に値します。というより、ぜひ読んでみてください。内容が具体的で、非常に参考になります（詳細は、こぼれ話２：「不動産投資の甘い罠」参照）。本はたかだか1冊１０００円～２０００円程度。それで投資の勉強ができるのですから、安いものです。これが一番の投資かもしれません。

それから、なぜ本がいいのかといいますと、手元に残しておいていつでも繰り返し読め、確認ができるからです。また、著者に直接問い合わせができる書籍もあります。問い合わせてみることで、より具体的に情報が入りますし、そうすることによって著者と身近になります。それで著者がマイティーチャーになればいうことなしです。

② 不動産投資セミナー

セミナーは、いつでもどこでも行われています。セミナーは厳選して絞り込み、本当に価値あるセミナーに参加してください。営業目的のセミナーは避けるべきでしょう。必ずアフターセールスを行います。

セミナーの大事なポイントは、スピーカー講師が必ず自分で不動産投資をしており、かつ成功しているかどうかという点です。聞くところによりますと、不動産投資セミナーの7割から8割は、全く実践していない未経験の講師のセミナーのようです。成功どころか、実践もしていない講師の理屈を聞いても意味がありません。

大手不動産会社や銀行などが主催するセミナーは、主催者側の社員が講師になります。本当はサラリーマン大家さんが一番いいので、根気よく探してみてください。それから、不動産会社が主催するセミナーには十分注意してください。理由は、彼ら業者の物件を売ろうとするからです。もちろん優良物件であればよいのですが、管理戸数全国Ｎｏ１のＤ社は、自分たちが作った完成品を売ります。バラ色の収益プロジェクション表を付けながら。完成品ということは、完成するまでのコストに、彼らの儲けをたっぷりと乗せて販売しますので、購入者は儲けがほとんど出ない商品をつかまされることになるのです。そんなセミナーの商品は買わず、学習できる部分だけ吸収してセミナーを後にしてください。

同様に、「サブリース」という一括借上げ方式にも気をつけなければなりません。賃料等を保証してくれるということで、収入が確定します。つまり、収益が確定するということです。テナントを見つけることや、賃貸契約締結等の煩わしさがないということで一見非常に便利だと思いますが、その分、相当以上の手数料を取っているのです。もちろん、そのことを理解して任せるということであれば別ですが、本来であれば、たとえば８％の利回りが取れるところが、サブリースのため４％以下になることを覚悟しなければいけない、ということです。

でき上がり物件等のお膳立てがされているということは、そのところどころですでに業者が利益を取っていることなので、なるべく自分でやらないと、利益を得ることがそれだけ少なくなってしまうのです。自分でやらずに他者にさせるということは、その分お金を払わなければならないことなのです。つまり、経費がかかることになり、その分儲けや利益はなくなるのです。セミナー情報は、次のサイトでみつけられます。

http://www.seminarjyoho.com/area/tokyo/realestate

③ 不動産業者

不動産業者は、必ず自社ないしは彼らが儲かる物件だけを勧めます。必ずしもお客にとって優良物件とは限りません。当然といえば当然ですが。では、よい業者をどうやって選ぶのか？　いろいろ当たってみて、得意の分野を持っている営業マンを見つけ、仲良くなることです。訳あり物件をよく知っているとか、アパートが得意だとか、掘り出し物件をみつけるのが得意であるとか、等々です。こちらも、できれば数回当たってみてください。何度も話をしているうちに、こちらのニーズを理解してくれるようになり、求めていた物件をズバリ、持ってきてもらうことも十分に可能です。

④ 融資銀行員

融資担当の銀行員と懇意になることは、物件を探す以上に重要なことです。お金や資産が十分にできたとしても、ローンを利用できることは、投資において素晴らしいのひと言に尽きます。それほど大切なことです。

一般的に借金は悪だと思われていますが、借入れを使いこなしてこそ、投資のプロになれるのです。そのために、銀行員の融資担当者と親しくなってください。具体的な物件や案件を持ち込んで、融資条件を聞きながら話し合うことが、最も手っ取り早い方法です。そして、できれば3銀行から5銀行くらいは回ってください。また、同じ銀行の違う支店を当たってください。最初は合計7~8人から10人くらいまでの融資担当者に当たります。2~3回程度会えば、頼りになるかどうかがわかります。そうしますと、3~5人くらいの行員とは何度も話し合うようになり、交渉しているうちに気心が知れて、思わぬ情報を得られることもあります。

親しくなるコツは、融資内容や条件等に精通することです。そのためには慣れることですが、ここも具体的に物件購入の話をして、それを融資する側から内容をまとめて融資依頼書を作成するのです。

図表4－12をご覧ください。これは実際にマーケットに出ていました東京23区内の売り物件アパートです。売値9980万円を9900万円で購入するものと仮定して、物件の利回りは満室で7・46％。満額フルローンでも金利2％として、3・73倍の利回りで返済は十分可能です。もちろん、売主側から運営経費を詳細に聞き取り、それらを加味してローン返済は問題なくできると銀行に説明し、銀行側は内容を吟味して返答します。

通常は、こちらの依頼がすべて通る可能性は低いので、通らない部分を確かめて、それをつぶしていけば融資は通ることになります。たとえば、全額のフルローンはできない等の話をすれば、頭金を出せばできるようなので、頭金をいくらにするのかを相談することになります。どうすれば申込みどおり、あるいはそれに近いローンができるのか、融資担当者とじっくり話し合うことです。

融資を依頼する際は、**図表4－13**の融資依頼書を作成し、銀行の融資担当者に手渡して、それをベースに話し合ってください。融資担当者はびっくりすると思います。融資を依頼する方で、このような依頼書を作成して持ち込む方は、まずいないはずです。きちんとした融資依頼書を持って窓口に行けば、銀行側も「相手はプロだな」と思います。こうすることによって、融資面で銀行側の見るべきポイントがわかってくると同時に、融資担当者と懇意になります。

このように、具体的な案件依頼を3回から5回くらいやり取りしていきますと、案件の要点がピンポイントで分かるようになります。ここまできますと、融資担当者も相手をプロとして見るようになります。

なお、**図表4－12**のケースでは、ポイントは運営経費がどの程度の内容か、つまり経費を十分に見ているかどうか、また退去者が出た場合、どれくらいの期間で新しいテナントを探せるのか、つまり、空室期間と率はいくらになるか、ということでしょう。最悪の場合、何室が1年間空室になってもローン返済が可能か、ということです。銀行は、返済能力（家賃収益）と回収面の価値と保全（第一順位抵当権）を常におさえます。要するに、自分が銀行員になったつもりで物件の内容をチェックすれば、いくらまで貸してくれそうだとか、頭金がいくら必要だとかの計算ができます。もちろん、最終的には銀行に依頼して要点を明確にしていきます。

図表 4-12 東京 23 区内の売り物件アパート

価格	**9,980**万円
満室時利回り	**7.46**%
交通	OO線XX駅　徒歩12分
満室時年収 / 月収	745.2万円 / 62.1万円
住所	東京都OO区
物件名	**OO区 1棟アパート**
築年月	1987年1月(築30年)
土地権利	所有権
建物構造	木造2階建 総戸数12戸
土地面積	208.15m²【62.96坪】
建物面積	201.46m²
用途地域	第一種中高住専
間取り	1K×12戸
建ぺい / 容積率	60% / 200%
接道状況	公道 東3.9m
現況	賃貸中(満室)

図表 4-13

ZZ 銀行 YY 支店御中
融資課様

融 資 依 頼 書

融資依頼者（借入人）	日本太郎
生年月日	1985年1月1日
住所	東京都OO区XX町
職業	会社員
役職	東京OO株式会社　営業部第1営業課　課長代理
勤続	勤続年数11年
借入れ目的（資金使途）	中古アパート買収
購入価格	9,900万円　（売値9,980万円）
借入額	9,900万円（100%借入比率）
物件内容	12室木造アパート、築1987年
土地面積	208.15m²
床面積	201.46m²
年間収入	745万円
想定利回り	7.46%（満室ベース）
返済	家賃収入
担保	当該物件に第1順位抵当権設定

⑤ 不動産塾・サークル

数ある中で信頼できる不動産塾やサークルに入ることも、十分検討に値すると思います。投資経験があって成功している方が、塾長や重要メンバーになっているところがベストです。成功している方々の話を聞くだけでも、かなりの参考やヒントになります。筆者にご連絡いただければ、成功した投資家をご紹介します。

Eメール・アドレス：　cosmokanai@gmail.com

⑥ 税理士・会計士

実際に不動産投資を実践している税理士（会計士含む）は、必ず節税も含めて不動産投資の勘所を捉えているはずです。経済誌やアマゾンで「税理士」「不動産投資」で記事検索しますと、該当する税理士や会計士が出てきますので、チェックしてみてください。まずは記事や著書を読んでアドバイスを受けたいと思えば、直接会って相談してみてください。不動産業者ではありませんので、物件を売ろうとする営業はいたしません。こちらも筆者にご連絡いただきましたら、信頼できる税理士をご紹介いたします。

cosmokanai@gmail.com

図表 4-14　どれに投資をすべきか

	メリット	デメリット
アパート	・比較的利回りが高く、キャッシュフローが良い ・複数戸を持つことで空室リスクが少ない ・建物が古くなっても土地が残るので資産として残しやすい	・減価償却期間が22年と短く節税効果が短い ・一棟購入の場合は購入金額が大きくなる ・木造のため、新築でも50年もすれば古くなってしまう
マンション	・減価償却期間が47年あるため長期的な節税が可能 ・銀行からの評価も高く融資を受けやすい ・一戸から購入できるので購入金額が少ない ・ＲＣ造であれば80〜100年はもつ	・一般的に利回りは４〜５％でローン返済と同額程度になり、手元に資金は残りにくい ・一戸で購入するため空室リスクが高い ・建替えが発生した場合は区分所有者の５分の４の賛成が必要となる
一戸建て	・現オーナーが投資物件として考えていない場合が多く、利回りが非常に高い物件を安く手に入れることができる	・アパートと同様、木造が多いので、物件の寿命も短く、１世帯への貸し出しなので空室リスクも高い ・短期間の投資である

それから、「都内のワンルームマンションに限る」とか「地方都市の一棟物件を狙え」とか、いろいろな記事や書籍が出ていますが、自分にはどれが一番合うのか勉強してください。**図表４－14**をご参照ください。

以上から、自分自身で勉強して自分に合うベストの不動産物件や案件をみつけてください。また、自分の投資スタイルを確立してください。

では、実際の成功者の実例をみていきましょう。

3 成功者の物件の探し方

① 掘り出し物件を探す

要するに、市場価格より安い物件を探すのですが、これは至難の業といえます。しかし、最初からあきらめないことが大切です。親しくなった不動産業者や銀行マンから情報が入ることもあります。そういったことからも、彼らと親しくお付き合いすることが重要になります。

また、実際にいろいろな物件を見ている間に、土地勘や街の雰囲気、住民の感じがわかってきます。たとえば、駅前の食事処に入って「この近辺に空き家とか家を売りたい人はいますか?」などと、店の人に尋ねてみるのも一考です。掘り出し情報が聞けるかもしれません。とにかく、アンテナを広く張っておくことです。

② ボロ家（アパート）を探す

ボロアパートで一気にのし上がった大家さんがいます。ボロのアパート、できれば5室から10室くらいまでのアパートを安く買い叩くのです。大家さんは、そのうちの1室に自分が入居して家賃をセーブすることもできるので、一石二鳥となります。他の部屋もリフォームしました。そのリフォームも、できるだけ自分でやってみることです（難しい場合は専門の業者に依頼することになりますが）。これで全室リフォームが完了し、きれいになってすぐに入居者がついたとのことです。

この場合のポイントは、やはりアパートの場所です。駅から近く交通が至便で、買い物にも便利という立地条件にもかかわらず、アパートがボロで室内は古ぼけているので、借り手がいないとか、家賃がしっかり取れない、という物件が望ましいです。都内への足回りがよく、街並みも落ち着いているところがベストです。しかし、そういう都合のよい物件はなかなかみつかりませんが、少し離れたところでもボロアパートを見つけることが大事です。とにかく手入れの行き届いていないアパートを探すのです。

マーケットには、必ずといっていいほど、そういう物件が出ているようです。ボロなので誰も手を出さないそうですが、そういう物件ほど安く買えるのです。あとは銀行との交渉です。物件価値をどの程度みるのかによって、融資条件や借入れ（貸出し）限度額が決まりますので。

③ 抵当流れ・競売物件を探す

こちらも不動産業者、とくに銀行マンから情報が得られます。また、こういった物件の専門サイトもあるようですので、じっくり探すことです。

④ 空き家物件を探す

最近、日本には空き家がたくさん出ているようで、この空き家を根気よく当たっていけば、思わぬ掘り出し物件がみつかる可能性があります。

儲けるコツは、もちろん安く物件を買い入れることですが、前述でもおわかりのようにリフォーム（改装）をして物件価値を高めることが一番簡単です。

また、最近得た情報で、駅から20分も30分もかかる、普通なら不便だと思われるところのアパートを、1億円以上で購入した投資家がいらっしゃいます。しかも郊外です。

「よくそんなところのアパートを、しかも1億円以上で購入されましたね。空室があって大変ではないのですか？」と尋ねましたところ、

「実はアパートの近く、そうですね、徒歩5分以内に大手メーカー企業の工場と倉庫があ

りまして、そこの従業員が全員テナントさんで空室はありません」とのことでした。

実に面白いところに目をつけた投資です。このように、駅から相当離れているところでも、状況が特殊であれば、その特殊性を生かした投資ができるのです。実は、この投資家は不動産会社の顧客だった方ですが、今では同社の社員になられています。

このことから、一つの投資ポイントが見えます。それは、駅からかなり離れていても安定企業・老舗企業の製造工場の近くのアパートなら有力投資物件対象になる、ということです。

投資できる物件のタイプ別の特徴は、**図表4－14**に掲げましたので、参照してください。

⑤ 投資物件サイトから探す

ここで、大変興味深い記事がありましたので紹介したいと思います。それは「25歳のOLが元ギャル女子高生で、資産7000万円のOL大家さんになる」というタイトルの本の著者の記事で、22歳で不動産投資を始めて現在6棟目の物件の売買契約をしているそうです。彼女のインタビュー記事の中で、注目すべき点があります。

「投資の勉強を始めてから1棟目の物件を買うまで9ヶ月かかりました。平日はひたすら本を読んで、土日は物件を見に行ったり勉強会に参加したりというのを、ずーっと続けていました。本は100冊くらい読んだと思います」

「失敗しないためには、自分の投資基準を作ること。私は、『満室になったときにローンの返済額が家賃収入の50％を超えないようにする』というのを基準にしています」

「不動産投資は、人に言われたことを鵜呑みにせず、自分の投資基準をしっかり決めると失敗しづらくなります。まずは勉強すること。そして、物件をたくさん見ること。その積み重ねが投資基準を作る上で何よりも重要ですね」

「毎月20万円の生活費が6万円に。なんであんなに無駄遣いしていたんだろう、って悔しくなるくらいです。とにかく不必要なものをたくさん買っていたのですね」

とにかく、どんどん物件を視察してください。多ければ多いほどいいです。そうすることによって物件を見る眼が肥えてきます。物件を見れば、「これはいい買い物だ」とわかるようになります。前述の①から④までの方法以外にも通常のやり方で物件を探して、磨けば光る優良物件をみつけられますので、根気よく探し続けてください。毎日必ず1件みつけてください。

具体的には、**「楽待」「健美家」「アットホーム投資」**等のサイトで投資用物件を探してください。これで、平日月曜日から金曜日までで合計5件、それらを土曜・日曜で物件実査をしてください。下記はそれぞれのサイトアドレスです。

http://www.rakumachi.jp/
https://www.kenbiya.com/
http://toushi-athome.jp/

⑥ 主要駅の駅前を調べる

鉄道の沿線の駅前を徹底的に調べていく方法を提案します。たとえば、東京のＪＲ山手線、小田急線、京王線、東横線等、また地下鉄の銀座線、有楽町線、大江戸線等、それぞれの駅前のエリア・物件をひと駅ひと駅丹念に調べ、情報を自分のノートなどに記録していきます。いきなり全駅は膨大で大変ですので、先述したように、これからは都市機能や快適居住空間に絞り込んで、複数の沿線・路線が通る主要駅に特化するのです。

たとえば飯田橋駅。ＪＲと、それ以外に地下鉄東西線、有楽町線、南北線、大江戸線の合計５線が通っています。また、武蔵小杉駅も東急東横線、東急目黒線、ＪＲ横須賀線、ＪＲ南武線、ＪＲ湘南新宿ラインの合計５線です。吉祥寺駅しかり。

面白い情報を見つけました。ＪＲと地下鉄千代田線の西日暮里駅ですが、駅の北東側で

40階以上のオフィス等の複合高層ビル開発計画があるとのことです。それと、大岡山駅も検討可能だと思います。ヒントとして、大手開発・住宅建設会社。

たとえば○**菱地所、**○**井不動産、東**○**建物**等の新築マンションのうち、複数路線利用可の駅周辺の物件が、今後の都市機能や快適居住空間をカバーしているはずです。なぜだかの理由はおわかりですね。大手不動産開発会社は、当然、そのような場所の情報が入っているはずですし、そうでなければ開発・建設はしないでしょう。

このように、複数路線の駅をひと駅ずつ調べていきます。週末の土曜日に1～2駅、日曜日に別の1～2駅、というようにひと駅ずつつぶしていくのです。1ヶ月で8～16駅、2ヶ月経てば16～32駅になります。乗降客が多い駅を中心に選択していくのが効率的でしょう。

いろいろ勉強して市場や物件を実査し、自分の投資スタイルを確立してください。投資する不動産物件を東京都内かつワンルームに限定するとか、アパート物件だけに絞るとか、東京ではなく埼玉県や神奈川県の郊外のエリアに限定するとか、あるいは地方都市に絞る等、対象とする物件や地域だけでもこのように広がりがあります。

⑦ 物件の形態によってエリアが変わってくる

また、ワンルームがいいのか、1LDK以上のマンション区分がいいのか、アパート一棟がいいのか、それぞれの長所・短所を見極めて、自分に合った物件の形態の選択をしてください。また、一つのエリアや物件タイプに限らなくてもよいのかもしれません。郊外のいいエリアでよい物件があれば、それも検討する、投資するという柔軟な姿勢も大切かと思います。ただ、まずは一つスタイルを確立してからがよいでしょう。

ここで、国内各区域の賃貸住宅に関するデータを紹介しておきましょう。

まずは、国内最大級のデータベースを誇る東京カンテイ。「三大都市圏築年帯別に見る駅別利回り分布の分析」（**図表4－15**）を2017年10月31日に発表しました。築年が経過しても利回りが上がらない駅は、それぞれ賃料下落より価格下落が緩やかな駅であることを分析しています。

次は、トヨタグループの株式会社タスが日本初のアプリケーションサービスプロバイダーによる不動産評価サービス「TAS－MAP」を2000年に開始。毎月関西圏・中京圏・福岡県版の「賃貸住宅市場レポート」を発信しています。2017年8月期のマンション系（S造、RC造、SRC造）の空室率の推移を表示しています（**図表4－16**）。

前述した投資物件サイトを運営しているアットホームは、三井住友トラスト基礎研究所の賃料指数の提供を受けて、２０１７年９月に同年第２四半期の「マンション賃料インデックス」（**図表４－17**）を発表しました。首都圏と地方７都市の賃料インデックスの推移を示しています。

同様に投資物件サイトを運営する「健美家」も、同サイトに登録された新規物件を集計し、「東京駅から直通で30分圏内の駅、利回り平均」の調査結果を２０１７年９月に、同年上半期利回り上位駅のランキングを発表しました（**図表４－18**）。

物件エリア探索の参考にしてください。

また、http://www.ipss.go.jp/　にアクセスし、「将来推計人口・世帯数」「市区町村別将来推計人口」をクリックしていけば、その地域の将来の推計人口の参考になります。

図表 4-15

首都圏駅別価格下落利回りランキング

順位	新築マンション			築30年マンション		
	沿線名	駅名	利回り(%)	沿線名	駅名	利回り(%)
1	メトロ日比谷線	六本木	2,34	都営大江戸線	牛込神楽坂	3.69
2	ＪＲ山手線	浜松町	2.93	メトロ日比谷線	広尾	3.73
3	ＪＲ中央線	四ツ谷	2.94	メトロ半蔵門線	半蔵門	3.81
4	東急東横線	日吉	2.94	メトロ南北線	麻布十番	3.92
5	ＪＲ東海道本線	大磯	3.13	東急世田谷線	世田谷	4.16

中部圏駅別価格下落利回りランキング

順位	新築マンション			築30年マンション		
	沿線名	駅名	利回り(%)	沿線名	駅名	利回り(%)
1	市営地下鉄名城線	矢場町	3.52	市営地下鉄名城線	久屋大通	4.65
2	市営地下鉄東山線	東山公園	4.03	市営地下鉄鶴舞線	平針	5.69
3	市営地下鉄桜通線	高岳	4.11	市営地下鉄名城線	本山	6.17
4	市営地下鉄鶴舞線	平針	4.22	名鉄名古屋本線	神宮前	6.23
5	市営地下鉄桜通線	桜山	4.23	名鉄名古屋本線	新安城	6.27

近畿圏駅別価格下落利回りランキング

順位	新築マンション			築30年マンション		
	沿線名	駅名	利回り(%)	沿線名	駅名	利回り(%)
1	阪急京都線	烏丸	3.37	京都市営烏丸線	烏丸御池	3.98
2	京阪鴨東線	出町柳	3.38	阪急京都線	河原町	4.13
3	ＪＲ神戸線	芦屋	3.42	阪急今津線	門戸厄神	4.18
4	京阪鴨東線	神宮丸太町	3.46	市営地下鉄千日前線	桜川	4.68
5	市営地下鉄境筋線	北浜	3.50	市営地下鉄谷町線	阿部野	4.73

資料）東京カンテイ「三大都市圏築年帯別に見る駅別利回り分布の分析」2017 年

図表 4-16

1都3県マンション系（S造、RC造、SRC造）空室率TVI

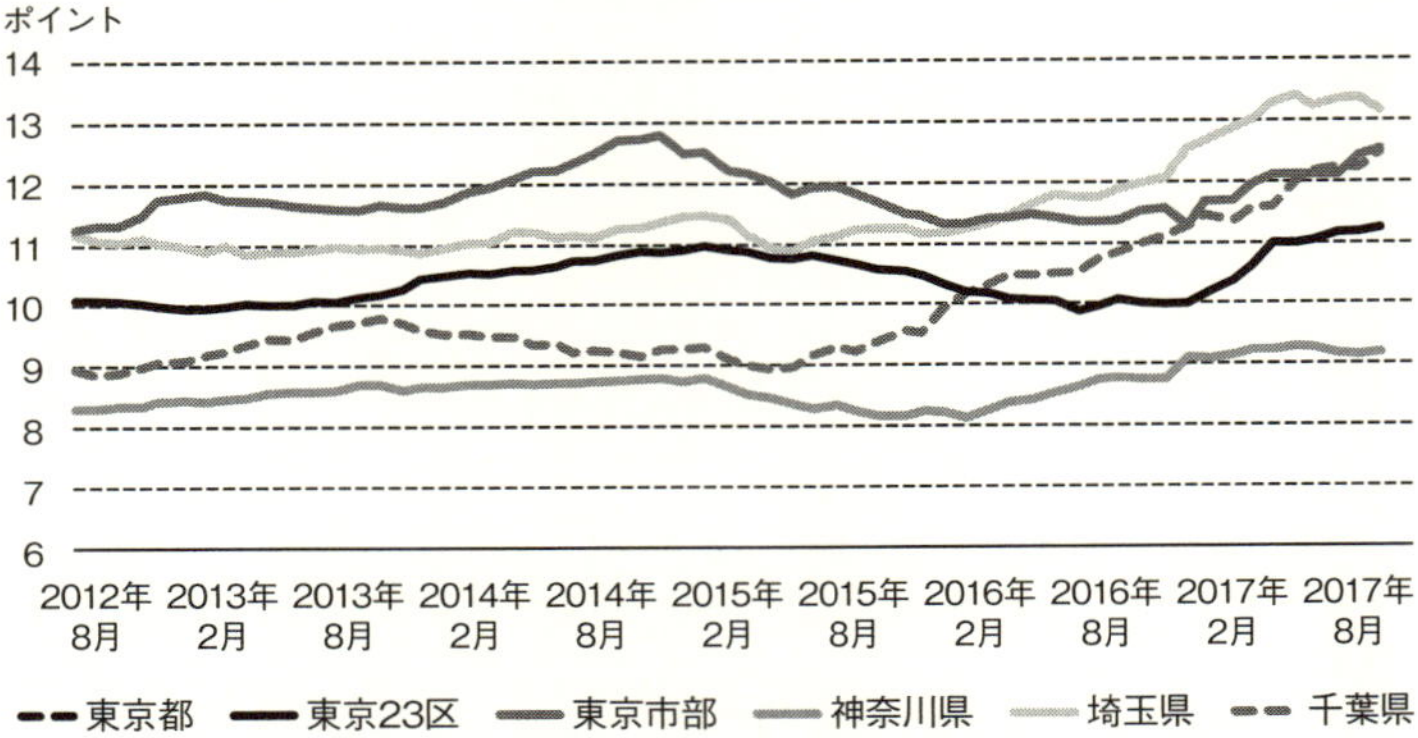

分析：株式会社タス「賃貸住宅市場レポート」2017 年 8 月

関西圏、中京圏、福岡県　マンション系（S造、RC造、SRC造）空室率TVI

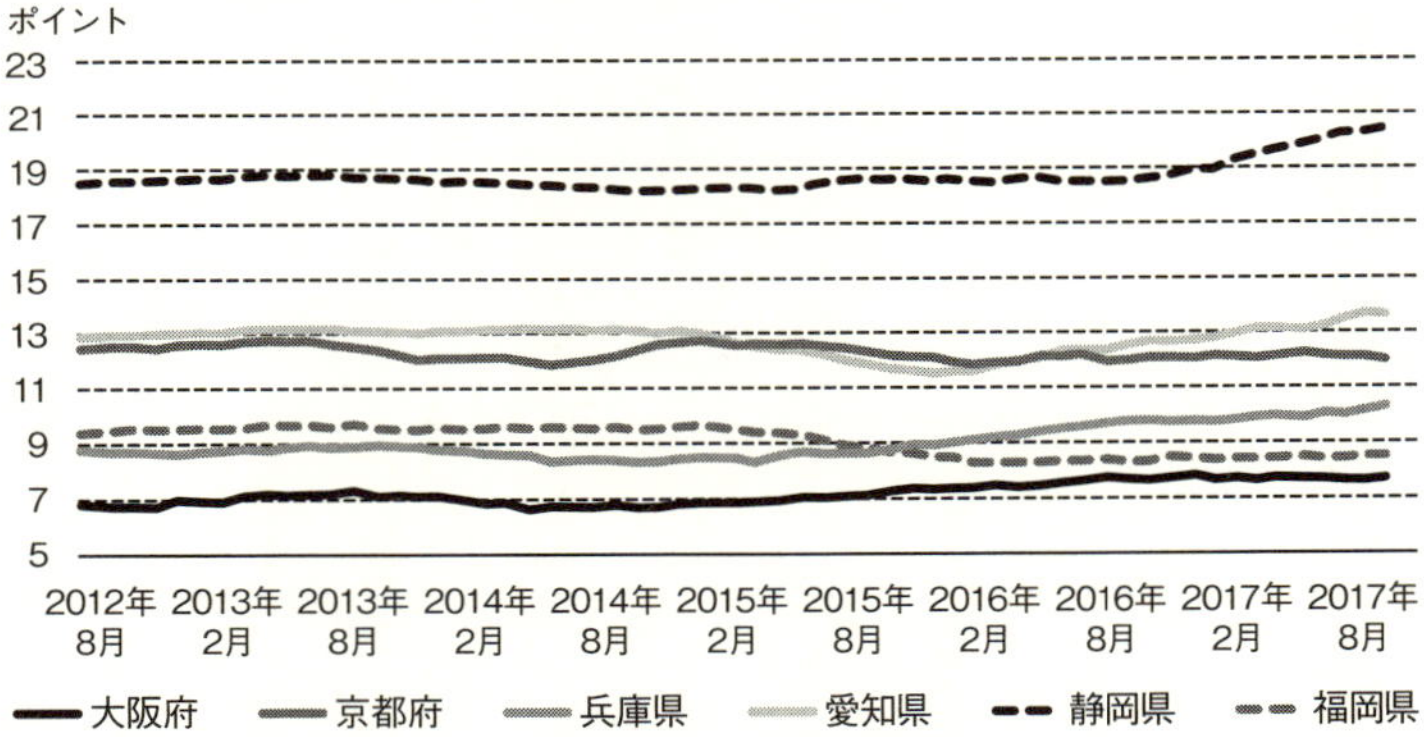

分析：株式会社タス「賃貸住宅市場レポート」2017 年 8 月

図表 4-17 首都圏・地方都市のマンション賃料

―首都圏―

2009.Q1=100	連鎖型（四半期ベース）			
	今期(2017.Q2)	前期比	前年同期比	前々年同期比
東京23区	104.17	→ -0.11	↗ 0.97	↗ 2.00
東京都下	96.09	↘ -0.86	→ -0.24	→ 0.02
横浜・川崎市	101.68	→ 0.44	↗ 1.70	↗ 1.77
千葉西部	99.94	↗ 1.02	↗ 3.25	↗ 2.69
埼玉東南部	100.24	↘ -1.05	↗ 1.62	↗ 1.55

―地方都市―

2009.Q1=100	連鎖型（四半期ベース）			
	今期(2017.Q2)	前期比	前年同期比	前々年同期比
札幌市	113.46	→ -0.35	↗ 4.47	↑ 7.96
仙台市	116.59	→ 0.36	↗ 1.30	↘ -2.17
名古屋市	97.11	↘ -3.90	↗ 0.72	↗ 3.67
京都市	109.60	↘ -0.59	↗ 2.60	↗ 2.56
大阪市	111.84	↗ 2.17	↗ 2.59	↗ 4.31
大阪広域	103.25	↗ 1.32	↗ 2.27	↗ 2.38
福岡市	103.70	→ 0.18	↗ 0.80	↗ 1.35

※京都市は、ファミリータイプは含まれておりません。

資料）アットホーム「マンション賃料インデックス」2017年9月

図表 4-18　2017年上半期利回り上位駅ランキング

区分マンション						
順位	駅	沿線	利回り(%)	価格(万円)	専有面積(㎡)	築年数(年)
1	松戸	常磐線快速	9.09	1,305	43.2	26.3
2	津田沼	総武線快速	9.00	1,213	27.5	26.8
3	西川口	京浜東北線	8.47	1,087	26.1	25.1
4	新川崎	横須賀線	8.20	1,317	25.2	21.3
5	船橋	総武線快速	7.77	1,543	38.0	23.3
一棟アパート						
順位	駅	沿線	利回り(%)	価格(万円)	専有面積(㎡)	築年数(年)
1	横浜	東海道線	9.38	5,068	198.0	38.2
2	津田沼	総武線快速	8.94	5,598	182.5	18.2
3	市川	総武線快速	8.42	5,668	120.5	19.4
4	東高円寺	丸の内線	8.40	3,745	69.5	7.6
5	鶴見	京浜東北線	8.24	6,249	133.7	12.7
一棟マンション						
順位	駅	沿線	利回り(%)	価格(万円)	専有面積(㎡)	築年数(年)
1	松戸	常磐線快速	8.30	14,657	614.9	33.5
2	東十条	京浜東北線	7.78	5,018	103.5	34.5
3	中野坂上	丸の内線	7.57	16,639	296.0	23.7
4	船橋	総武線快速	7.46	25,456	531.9	24.2
5	日暮里	山手線ほか	7.22	14,560	287.1	17.5

資料）健美家「東京駅から直通で30分圏内の駅、利回り平均」2017年

4 自分専用のノートをつくる

それから、ぜひ実行していただきたいことがあります。それは、自分専用のメモやノートを作ることです。小さな手帳から大学ノートのサイズまでいろいろありますが、自分に合ったサイズの手帳、ノートを決めて、その中に得られた情報をすべて記入してください。

一番便利でよい記入方法は、時系列的に日付順で記入していくことです。その日その日に得た情報を記入していきます。1ヶ月くらい経ちますと、ある程度の情報が記入されていますので、読み返してください。そうしますと記憶が戻り、得られた情報の再確認もでき、知識が蓄積されていきます。

不動産だけではないのですが、いろいろな情報・分野が複合的にからんでいることが意外と多くあります。たとえば、ある不動産業者と銀行マンが親しい間柄であることがわかったり、あるサイトでみつけた物件が、とある不動産セミナーで取り上げられていたりなどです。とにかく得られた情報をどんどん記入していき、自分自身の情報メモやノート

図表 4-19 ノートの記入例

'17年5月15日

〇〇線XX駅前西口、築20年の中古マンション1ＬＤＫを視察。担当物件業者の△△不動産のＡさん（電話番号：………、メアド：………）に案内。駅から徒歩10分。35㎡、内装はリフォームされてきれい。価格ＸＸＸ万円。家賃８万円が相場。駅前は銀行、マーケットなどがあり生活面は充実している。物件周りは静か。

'17年5月18日

〇〇銀行△△支店に融資の相談。融資担当者△△氏（電話番号：………、メアド………）年収600万円以上など条件が厳しい。金利も2.5%から３%と高い。ただし、収益物件であれば前向き。

'17年5月19日

不動産セミナー参加（参加人数は20名ほどか）

主催：〇〇不動産

東京都内のマンション経営。特にワンルームに注目。これからどんどん1人世帯が多くなるため。ただ、ワンルームは対象マーケットが少ないのでは？

にしてください。これは本当に貴重な情報源になりますし、1年、2年、3年と経てば、自分でも驚くほどの知識・情報財産になります。たとえば、記入例は**図表4-19**のようになります。

このように、どんどん記入していきます。気が付いたことなど、ためらわずにどんどん記入してください。それらが思わぬヒントになることもあり得るのです。できれば毎日読み返してください。記憶が知識となり、また日によって見方が変わりますので、何か思いつくこともあります。

5

キャッシュフロー収支表・プロジェクションの作成

不動産投資で最も重要なことの一つは、収支表の作成ができるようになることです。これができないと、投資家としても失格です。つまり、いくらで回るのかということで、これができて初めて銀行の融資担当者と話ができるし、不動産会社作成の試算表やプロジェクションに穴があるかどうかも見破れます。しっかりした収支表が作成できるようになりますと、銀行の融資担当者も一目置きます。

では、その作成ですが、収支ということですから収入と支出を具体的に試算します。まず収入ですが、ほとんどが家賃ですが、中には駐車場賃料もあるでしょう。ここで大事なことは、家賃は固く保守的にみることです。要するに、実際の家賃の情報をたくさん集めて、その平均値なり比較対象になるアパート家賃より若干低目に設定することです。

具体的には、自分の物件アパートと同じ部屋タイプの近隣のアパートの家賃を、少なくとも3件、できれば5件ほど調べ、その平均値の3％から5％低目に設定することです。

このとき、実際に自分がアパートを借りるという立場で、他の物件を見てください。借りる立場の目から見て、他の物件と自分の物件を見比べるのです。そうすると妥当な家賃が浮かんできます。必ず第三者として比べてください。どうしても自分の物件をひいき眼にみてしまいがちだからです。そして、空室率を当てて差し引いてください。

次に支出ですが、賃貸運営費用項目として、固定資産税、都市計画税、保険、物件管理費、修繕費（必要であれば大規模修繕費も）、原状回復費用、新規テナント募集費用（広告等含む）、その他費用等があげられます。これらすべての費用をチェックして、やや多めに経費計上してください。物件管理費は管理会社への費用ですので、自分自身で管理をすればその分安上がりになり、収益は向上します。

このように、収入を若干低目、経費をやや多目に計上する場合、保守的収支・キャッシュフローとなるのに対し、収入も経費もそのままの数字で算出するキャッシュフローは相場どおりとして、2通りの収支表を作成してください。

こうして計算しますと、ネットのキャッシュフローが出ます。このネットのキャッシュフローが大切で、「**NOI**（Net Operating Income）」といいますが、ここからローン支払いを差し引いてください。このとき、このローン支払い金額がＮＯＩの90％、80％、70％までをローン支払い金額になるべく、ローン金額が決まります。つまり、銀行はこの

ＮＯＩの金額以上のローン支払い額になるローン金額ではなく、当然ながらその80％なら80％までの支払いになるように決めます。これを「**ＤＣＲ**（Debt Coverage Ratio）」といいます。

通常、銀行は逆数字１２５％（１・25）とか、１３５％（１・35）で１００％までの部分がローン支払いとなるローン金額を計算します。ローンの相談や申請の際、銀行担当者にこのＤＣＲを尋ねてみてください。ＤＣＲと金利でローン金額が決まります。できれば、**固定金利**を選んでください。理由は、変動金利ですとローン決定金利が通常より高目に設定されますので、ローン金額が減ってしまうからです。

図表４－20（収支表１）をご覧ください。これが収支・キャッシュフロー表です。家賃は、周辺の同等のアパートの家賃の平均家賃としています。経費も通常の費用計上です。これがマーケットどおりの収支表になります。

図表４－21（収支表２）は、家賃が３％減、空室率は７・５％、経費は若干多目に試算している保守的シナリオです。「ＮＯＩ（Net Operating Income）」というのは、実際の総収入からすべての経費を差し引いたネット業務利益で、これを購入価格で割った数字がＣＡＰ（キャップ）レートとなります。つまり、ＣＡＰとは実際の手取りベースの利回り率を表します。

よく「表面利回り」といいますが、投資家にとっては意味がありません。必要経費は出ていくわけですから、それらを差し引いた手取り金額がわからないと、実際の利回りも計算できません。とにかく、この収支表を自分で作成できるようにしてください。これができて一人前の投資家といえるのです。

なお、この収支表のエクセルのフォームをご希望の方は、筆者までお問い合わせください。

Eメール・アドレス：　cosmokanai@gmail.com

図表 4-20 収支表 1

収支表

物件住所　東京都○○区△町O丁目X番地

収入	
満室賃料（年間）	4,200,000
空室(5%)	210,000
その他	
賃料収入	4,410,000
駐車場	
ペット	
その他	
その他収入	-
合計収入	**4,410,000**
費用	
固定資産税	150,000
都市計画税	50,000
管理費	600,000
保険	225,000
修繕費	300,000
テナント募集費用	100,000
原状回復	200,000
光熱費	600,000
その他	100,000
合計運営費用	**2,325,000**
Net Operating Income (NOI)	**2,085,000**
ローン支払い	1,200,000
手取りネット収入	**885,000**

部屋番号	タイプ	家賃
1	1DK	60,000
2	1DK	55,000
3	1DK	60,000
4	1DK	60,000
5	1DK	55,000
6	1DK	60,000
	合計(月)	**350,000**

価格	50,000,000	CAP	4.17

図表 4-21 収支表２

収支表

物件住所　東京都○○区△町〇丁目X番地

収入		部屋番号	タイプ	家賃
満室賃料（年間）	4,064,400	1	1DK	58,000
空室(7.5%)	304,830	2	1DK	53,350
その他		3	1DK	58,000
賃料収入	4,369,230	4	1DK	58,000
		5	1DK	53,350
駐車場		6	1DK	58,000
ペット				
その他				
その他収入	-			
合計収入	**4,369,230**		**合計(月)**	**338,700**

費用	
固定資産税	150,000
都市計画税	50,000
管理費	600,000
保険	250,000
修繕費	450,000
テナント募集費用	125,000
原状回復	300,000
光熱費	600,000
その他	100,000
合計運営費用	**2,625,000**
Net Operating Income (NOI)	**1,744,230**
ローン支払い	1,200,000
手取りネット収入	**544,230**

価格	50,000,000	CAP	3.49

6

ローンを使って効果を最大限に高める

不動産投資の醍醐味は、自分の資金＝自己資本をあまり使わず、効果（利益、利益率）を最大限に高めることができることです。たとえば、1億円の投資で、不動産の場合は条件にもよりますが、70％（＝7000万円）から80％、90％、ないしは100％のローンが借りられます。つまり、1億円の投資物件で、自己資金はゼロから3000万円でいいわけです。普通、1億円の投資や買い物をする場合は全額が必要ですね。これが不動産投資の場合、全額必要ではなくなるのです。

仮に1年で10％の利回りを達成し、売却したとします。売却利益は1000万円。仮に頭金が3000万円であった場合、3000万円の投資で1000万円の利益が出て、33％以上の利回りです。同じ1000万円の利益を生むのに、1億円を使うのか、3000万円で済むのか。どちらが効率がよいか、答えは明白ですね。このように、ローンを利用することにより、利回りが一気に高くなります。

これを「レバレッジ（**ＯＰＭ**（Other People's Money））効果」といいます。

現在はマイナス金利ですから、融資を受ける金利も史上最低金利になっています。一部では１００％ローン、フルローンも利用できるようです。年収４００万円以上等いろいろと条件があるようですが、何行か尋ねてみてください。聞くところによりますと、今、銀行は預金を預かりたくなく（マイナス金利だから赤字になる）、どんどん貸し出しをしたいようです。したがって、しっかりした内容の案件であれば、真剣になって取り組もうとしますので、絶好の借入れチャンスです。**図表４－22**の融資銀行のスタンスや金利などと参考にしてください。

自宅の住宅ローンを含め、非居住用住宅やアパートローンに積極的な銀行が**オリックス銀行**、**スルガ銀行**です。金利が高いのが難点でしたが、最近はマイナス金利の影響で、他行も積極的に融資を行っているため、競争が激化し、金利が下がっているようです。

また、**楽天銀行**も融資条件が他行よりも緩やかなようです。どの銀行が金利、借入比率といった融資条件がよいかは、不動産情報誌やインターネットでも探せますが、一番は不動産業者や不動産塾のメンバーに尋ねるのが、より実践的です。彼らも実際に取り扱ったり、借入れをしているからです。

図表 4-22 各種金融機関の不動産投資ローン

銀行名	金利(%)	融資限度額	特長
オリックス銀行	2.6	1,000万円～2億円	保証料・団信保険料不要。年収 700 万円以上は金利 2.3%
スルガ銀行	4.5	2億円	融資スピードが早い。幅広いエリア
楽天銀行	1.9～14.5	800万円	スーパーローン(カードローン)。スマホで申込み可能
みずほ銀行	連動・固定・長期間固定から選択	5億円	満 20歳以上。年収 200 万円以上。返済期間 35 年以内元利均等返済
りそな銀行	変動・固定金利から選択	1億円	「保証会社保証付き」ほか 4 タイプある。2～3営業日審査回答
新生銀行	5.0～8.0	5,000万円	最短 1 週間で融資可能
静岡銀行		1億円	変動金利型。20歳以上70歳以下
横浜銀行	変動金利・固定金利指定から選択	3億円	
日本政策金融公庫	1.16～1.76	1,000万円など融資限度額は低い	物件担保があること。借入期間 55歳以上 15 年、30～54歳 10年(男性)。税金・公共料金の未払いがない

*これはあくまでもHP上にあがっている参考資料なので、詳しくは各金融機関の窓口に聞いてください

現在、日本は空前の低金利時代。日銀がマイナス金利を導入したことで、借入れ金利もどんどん低下し、1%を切っているところもあります。不動産投資をする際、こんな低金利のチャンスをみすみす見逃すことはあり得ません。千載一遇の大チャンスです。とくに、会社員の方は絶対に利用してください。銀行は、定職に就いている人の借入れには最大限の融資をします。会社員の方は絶対辞めないでください。どんなにつらい会社・職場でもじっと我慢をして、「ローンを借りるために辞めないのだ」というくらいの気持ちでいてください。

今は借りる最大のチャンスのときです。借りまくってもいいくらいです。マイホームローンは別ですが、投資用となりますと、それなりにきちんとした借入れ依頼書が必要になります。**図表4－13**をご参照ください。

7 純資産を増やす

収益不動産物件を探し、ローンを組んで購入して、一定の収益を生み出すことができた後は、いかに純資産部分を増やすかということになります。主に次の2つの方法になります。

① ローン残債を元本部分の返済をして、元本を減らす

毎月の収益から、または自分の稼いだ収入からローンの元本の一部返済をし、元本残債を減らしていく方法です。たとえば、5000万円の物件を頭金500万円、ローン4500万円で購入したとします。ローンは元利均等返済としても、当初の元本部分は極めて少額ですが、毎月10万円追加の元本返済すれば年間で120万円、元本は1年後4380万円。通常の元本部分返済、仮に80万円としますと、ローン残債は4300万円程度に減ります。これはつまり純資産額が200万円ほど増えたことになります。

ローンの金利およびローン形態にもよりますが、元本を追加で返済することにより支払い利息が減り、毎月の返済額が減少することもあり得ます。その分収入が増えるわけですから、一石二鳥です。その増えた分をさらに元本返済に充てますと、収入もさらに増えて純資産も増えます。1年目は200万円ですが、2年目は250万円、3年目は325万円増えますと、3年間の合計で775万円になり、頭金をあわせた合計の純資産は1275万円になります。元本返済をすればするほど、支払額は減りますので、純資産部分はさらに増えます。

②　売却益

不動産市況が好転し、所有物件の価値＝売却価格が上昇すれば、売却益で純資産を増やせます。もちろんそれは他力本願ですが、所有物件をリフォームして家賃をアップすれば、その分購入価格よりも高く売れるわけですから、その売却益分が資産を増加させます。上の例でいえば、5000万円の物件を200万円かけてリフォームし、収益を高めて5500万円で売却すれば300万円のネット売却益が得られ、頭金500万円をあわせて800万円の純資産になります（ただし、売却手数料等は含まず）。

ただ、リフォームをして収益をアップし、高く売ったうえで売却益を得る方法は、当初から改修工事が必要とみられる物件のほうが多くの売却益が見込まれるため、そのような物件を最初から探すほうが効果的です。つまり手を加えれば、相場相当かそれ以上の家賃が取れるような物件ということで、ある程度くたびれた物件が適切といえます。立地は素晴らしいが、あまりにもボロボロというような物件です。もちろん、このような物件は不動産業者や投資家は狙っていますので、いち早く情報を得る必要があります。そのためにも、不動産業者や融資担当者等と仲良くなっておく必要があります。そして、毎日マーケットをチェックして一押し物件を見つけるのです。

それから、港区をはじめとした都心部の優良エリアの中古マンションも狙い目です。たとえば青山、広尾、麻布等の優良エリアで一見みすぼらしいマンションを安価で取得し、中を大規模リフォームすれば、新築マンションの価格に近い値段で売却可能になります。こうしたケースでは、どの程度の内装でどの程度の家賃が平均的であるか、きちんとマーケット調査を行うことが重要です。立地、面積、部屋数、内装状態等を確認し、相場価格をチェックします。

たとえば、築25年で2LDKのマンションが内装リフォーム済みで、6000万円が相場とします。同様のマンションを5000万円でみつけたとしても、内装ができていない状態であれば、600万円をかけてリフォームすれば、単純計算で400万円儲けることができます。実は、この方法はすでに財閥系不動産販売業者が行っています。また、あるメガ銀行の元支店長が郊外のアパートを5年後に売却し、1億円弱の売却益を得ています。

この手法は、好立地でリフォームが必要な物件を格安で購入することと、安価できちんとしたリフォームを行う良心的なリフォーム業者をみつけることがポイントになります。リフォーム業者が必要な場合は、筆者にご連絡ください。

Eメール：cosmokanai@gmail.com

このようにして、純資産をどんどん増やしてください。1件目は追加の元本返済で増やし、2件目はリフォームをした売却益で増やしたりで、投資物件を増やしながら、その他、いろいろな方法で増やしてください。計画的にきちんと進めていけば、7年後に純資産1億円を作ることは不可能ではないのです。ぜひ実行してみてください。

8

不動産投資形態

①単純保有（中長期）

物件を中期的、長期的に保有し続けるということは、将来の売却益を狙うものか、または利回りが高いかのいずれかであるか、またはその両方です。とりあえずキャッシュが十分に回っていれば当面は保有し続け、売却すれば思った以上に利益が得られる市場になれば、売却してもよし、というスタンスがよいと思います。

収入を生み出す純資産、絶対資産を所有できることは、本当に幸せなことだと思います。利回りがしっかりしていれば、なるべく売らないほうがいいと思いますが、まとまった資金が必要になったり、資産の入れ替え等を行わなければならない場合、必要に応じて処分することもできます。

② 売却益狙い（短期）

これは、改装案件等で6ヶ月から1年前後の短期間で改装して価値を高め、売却益を確定する場合ですが、その売却益で本当に所有したい物件、高い利回りを生み出す物件を買って保有し、収入を確保することが賢明です。

③ 節税

不動産投資で重要な概念は、「償却」という会計上の利点です。これは会計上だけの経費になり、実際のお金のやり取りはありません。たとえば、保険や光熱費等は実際にお金を支払いますが、償却はお金の支払いは発生しません。ところが、会計上経費として落せるので、この分キャッシュベースではプラスになります。

減価償却というのは、時間が経過するごとにその価値が減っていく、減価していくという概念です。たとえば、コンピューターは年数が経てば、その価値はどんどんなくなりますね。不動産では、土地の上に建っている建物が、その対象になります。つまり、不動産の価値（価格）は、土地と建物の価値の合計です。土地は時間が経っても価値は減少しませんが、建物は減少します。また、建物の構造によってその償却する年数が違います。鉄筋コンクリート造（RC造）は47年、重量鉄骨造は34年、木造は22年です。それぞれ「法定耐用年数」といいます。それだけの年数が経てば建物部分の価値はゼロとなり、なくなるということです。この建物の部分が減価償却対象になります。そして、その減価償却額が費用計上できるため、その分お金が残ります。実際のお金のやり取りがないからです。

具体的にみてみましょう。たとえば、RC造の新築マンションを3500万円で購入したとします。内訳は、土地1800万円、建物部分が1700万円とします。この物件の減価償却は、

1700万円÷47年＝36・17万円／年

よって、1年ごとに36・17年万円ずつ価値が下がっていくことになります。この36・17万円が、経費計上できます。

では物件が新築ではなく、中古の場合の減価償却はいくらになるのでしょうか？（**図表4－23**）

つまり、RC造の場合、築47年を超えている物件は、すべて9年で償却することになります。

個別のケースバイケースは、顧問の公認会計士または税理士にお尋ねください。

図表 4-23 どれに投資をすべきか

築年数が法定耐用年数の一部だけ経過している場合

耐用年数＝(耐用年数－経過年数)＋経過年数 ×20%

例：ＲＣ造の建物（耐用年数 47 年）で築 10 年の耐用年数
37年(＝耐用年数47年－経過年数10年)＋2年(経過年数10年×20%)
＝39年

築年数が耐用年数を超えている場合

耐用年数＝法定耐用年数 ×20%

例：ＲＣ造の建物（耐用年数 47 年）で耐用年数を超えている場合
マンションの耐用年数 47 年 ×20%＝９年（１年未満端数切捨て）

投資は数字です。資本（資金・お金）を投資してどれだけ返ってくるのか、どれだけの収入を生むのか、計算できませんと、どれくらい儲かっているのかわからないことになります。

また、前述の減価償却の計算もできるようにしてください。最近は、スマートフォンにも計算機機能がありますので、その場で計算できますが、業者や銀行員等と話をしていると、すぐに計算できないと話についていけないことも多々あります。その際、さっと概算できるように訓練してください。結局は、算数です。

たとえば、減価償却計算もＲＣ造の場合、47年ですが、ざっくり50年で計算を簡単にします。前述の１７００万円の建物価値を47年で割ると正確な金額が出ますが、計算を簡単にするため1500万円を50年で割るのです。すぐに30万円と出ますね。実際には1500万円より1700万円のほうが多いので、30万円より13%程度多いはずです。また、47年で割るところを50年で割っていますので、もう少し高い数値になります。したがいまして、概算で35万円くらいとなります。正解は36・17万円ですから、概算する場合はこれで十分です。

収支が計算でき、投資金額に対する利回りも、計算できるようになってください。

まとめ

- 都市機能や快適居住空間の地域を選ぶ
- 本を読みセミナーにも参加して勉強する
- 1日1物件を見つけ、週末にそれらの物件を見る
- 自分の足と耳で実際の物件を実査・調査する
- その都度得た情報は自分用のメモ帳に記入していく
- 自分の投資基準・スタイルを確立する
- 収益表・キャッシュフロープロジェクションを自分で作成する
- 銀行への融資依頼書を作成する

こぼれ話 4

日本の国債問題

国の借金が、1000兆円を超えたようですが、消化原資は個人の金融資産1600兆円で、まだ600兆円余裕があるようにみえますが、1600兆円のうち400兆円は負債ですので、実質純資産は1200兆円ということになります。つまり、金額の余裕は200兆円です。毎年約40兆円の国債を発行していますので、単純計算だと5年ほどで、この金融資産を使い切ってしまうことになります。別の計算方法では、余裕資産額は360兆円といわれていますので、9年になります。どちらにしましても、このままでいけばいずれ問題になるということです。

なぜ問題になるかといえば、海外で国債を処理しないといけないからです。国内で消化しきれなくなったら、海外から資金調達をすればいいのですが、現実的には今のような低金利では、どこも日本の国債を買ってくれないでしょう。つまり、日本は自分で乗り切らないといけないということです。経済成長をもっと加速させ、税収を増やせば、発行国債は少なくなります。また、インフレを起こせば、さらに負担は少なくなります。

実は、ここであることを心配し、憂慮している経済学者もいます。それは「預金封鎖」です。戦後の1946年に実行されていますし、90年代終盤の金融危機のときには、いよいよとなれば預金封鎖もと、密かに検討されたといううわさもありました。この預金封鎖で新円の切り替えをしますと、今の紙幣は使えなくなるので、銀行預金から手持ちの現金、タンス預金まで新円と交換することになります。そうしますと、国民全員所有の現金が出てきますので、本当の金融資産が把握できることになります。当然デノミをしますので、実質借金額が減ることになります。

よく「国の借金、国民一人当たり、811万円（830万円?）」といわれます。新聞紙上にも出ますが、この表現は極めてミスリーディングで、誤解を招きます。いかにも国民が借金しているようなイメージを与えますが、この借金は政府の借金です。その政府の借金=国債を、銀行が買っています。その銀行の国債購入資金は、顧客の預金です。つまり、国民が政府に貸しているのですが、ほとんどのみなさんにそんな感覚はないですね。自分の銀行預金が、政府の借金に回っているのです。もし万が一、政府がデフォルト=債務不履行になれば、自分の銀行預金は戻ってきません。自分のお金がなくなるのです。とんでもないことです。その一つの方法が「預金封鎖」です。

国債問題の根本的な解決方法は、経済を活性化して税収入を増やすこと、財務支出を減額していくこと、つまり収入を増やして、支出を少なくするということに尽きます。もちろん、現在の政府はそうなるようにいろいろな施策を考え、実行していこうとしております。何とかうまく乗り切って欲しいものです。

第5章

海外不動産・アメリカ不動産

1

日本の不動産のリスクとマイナス要因を考える

ここまで、日本の不動産について述べてきましたが、今後の日本の景気・経済や不動産市況に不透明感が漂い、不動産投資が難しくなってくると思います。今後の不動産については、その価値が変わらないか、もしくは上昇するのは10％から20％といわれています。つまり、80％から90％は価値が下がるということで、大変厳しい将来が待ち受けています。悲観的に見ているのではなく、実際に見ていけば大きな問題が横たわっています。

少し考えただけで、次のリスクやマイナス要因が考えられます。

1　人口減少
2　自然災害
3　人災
4　景気（デフレ）

① 人口減少

日本の人口減少で決定的な問題点は、単純に人口が減るだけではなく、生産年齢者が減る一方で高齢者が増えていることです。現在は、少子高齢化社会です。よく考えますと、生産者年齢層が減少するのですから、当然人口は減りますが、一方で高齢者人口は増えるので、相対的に高齢者人口の増加は加速していくということです。

とある大学教授は、「今後10年で人口は700万人減り、15~64歳の生産年齢者の人口が7000万人まで落ち込み、65歳以上の人口は3500万人を突破する」「2025年の日本は、3人に1人が65歳以上、5人に1人が75歳以上という人類がかつて経験したことのない〝超・超高齢化社会〟を迎える」とおっしゃっています。〝超高齢化社会〟を通り越して、〝超・超高齢化社会〟です。

ここで問題なのは、「4　景気」に大いに関係してくる点です。生産者年齢者が減少しますと経済成長の足かせになりますし、〝超・超高齢化社会〟となれば社会保障制度の疲弊が進み、さらには経済破綻の危機にもつながります。

不動産は人口が多いと需要が旺盛になり活況を呈しますが、人が少なくなりますと需要も減り、価値がどんどん下がっていきます。

② 自然災害

日本には、地震、大雨や台風といった自然災害が、国土の大きさに比較してもあり過ぎます。もちろん、海外の諸国や地域でも同様の自然災害が多いところもありますが、経済大国であり先進国でもある日本においては多すぎると思います。「③ 人災」を引き起こす自然災害は多いといえます。

③ 人災

東日本地震では、津波の影響で福島原発が破壊され放射能問題が発生、大問題になりました。使用済み核燃料の処理等、いまだに解決しておりません。

現在、日本には54基の原発があって、アメリカ、フランスに次いで世界3番目となっています。また朝鮮半島の有事で、もし日本の原発施設が狙われればどうするのでしょうか？

④ 景気(デフレ)

いまだにデフレ脱却には至っていません。2008年のリーマンショックの際、欧米ではすぐに金利を下げ、資金を大量に市場に供給して、不景気に向かうのを少しでも食い止めようとしました。しかしながら、日本の対応はスローで、対策は小出しでの消極的対応で、その効果はご存知のとおり、かなり限定的でした。欧米ではゼロ金利政策が終焉し、FRBやECBは所有資産縮小を開始するところまで、最悪の状態を脱却しています。

実は、インフレになれば景気はよくなります。物価は上がりますが、収入も伸びます。手に入るお金が増えますと、気も大きくなり消費も伸びます。それで景気が好循環になります。

ところが今の日本は、インフレどころかデフレもいつ脱却できるかわからない状態です。そもそも、日銀がマイナス金利政策を続行し、消費物価2％上昇を目標にしていますが、なかなか達成までには至りません。このような状況で、金利を上げたり資金を絞ることはできません。まだ2～3年くらいは、現状のままの金融政策を続けざるを得ないでしょう。

まだまだ低金利が続き、市場の資金も潤沢であるということですので、不動産投資のローンが急激にしぼむことはないでしょう。もちろん金融庁や日銀が、不動産向け融資額がバブル期を越えていることに警鐘を鳴らしていますが、そもそもデフレとはいえ、バブル期より経済規模が大きくなっているので、融資額が多くなるのは当然ですし、銀行サイ

ド も 他 へ の 融資 が 難しい 状況下 なので、 担保 が しっかり し て いる 不動産 融資 が 多く なっ て いる の です。

以上 の こと から、 日本 の 不動産 に 限定 し て しまう こと は リスク が 高い と 言わ ざる を 得 ませ ん。 日本 の 不動産 投資 が 1件 目、 2件 目 と 成功 し て いけ ば、 3件 目 ない し は 4件 目 に は 海外 の 不動産 を 検討 し て み て は と 思い ます。 リスク 分散 という 観点 から も 極め て 重要 です。

2
海外不動産（とくにアメリカ不動産の特長）について

前述しましたように、日本の人口は２０１０年より減少しており、今後も減少の一途をたどります。それだけでも大問題ですが、高齢者人口が増加して労働人口が減少することで人口オーナス状況になり、今後それが拡大していくことが日本の不動産市場へ、とくに収益物件へ影響を与えることは、必至と考えられます。２０２５年には3分の1が65歳以上、5分の1が75歳以上の超高齢化社会に突入します。

ある不動産コンサルタントの日本の不動産の今後の見方は、次のようになっています。

1　価値は維持、あるいは上昇する……………10〜15％
2　徐々に価値は下がり続ける…………………70％
3　無価値、あるいはマイナスになる…………15〜20％

同じ問いに対し、ある経験豊富な不動産投資の実践者は、「1」が20%、「2」が60%、「3」が20%とみています。価値の維持もしくは上昇を見込む専門家が10~20%しかいないということで、大変な状況になりそうです。

ある不動産投資会社社長は、日本の不動産の9割は価値がなくなり、沈んでいくと主張しております。さらに、2022年は生産緑地法が解除となることによる土地価格下落の影響は必至といわれております。だからこそ、前章で述べました**都市機能や快適居住空間**が、地域にとって大変重要になってくるのです。

このような日本の不動産の状況下、海外の不動産に着目し、真剣に検討して投資を実行することは、肝要かと思います。では、海外の中でどこに投資すべきか、ということになりますが、将来性を考えますと、東南アジア等の発展途上国・新興国もいいのですが、確実に値が上がる保証はありません。安定性を重視しますと、やはり先進国でしょう。

とくにアメリカの不動産を視野に入れるべきでしょう。「資産はリスク回避のため分散すべし」とよくいわれますが、アメリカの不動産は場所の選定がしっかりすれば、リスク分散もさることながら、資産の増強や多様化につながります。つまり、自分の資産ポートフォリオの中の一部に取り入れるべき資産といえます。

世界はどんどん身近になっています。少し前までは海外旅行をする場合、「フランスに行きます」「アメリカに行きます」「タイに行きます」というように国名で言っていました。ところが、最近では国名ではなく、都市名になっています。「ニューヨークに行きます」「バンコクに行きます」というように。すでに国際都市や大都市は認知されています。ロンドン、パリ、ローマ、北京、上海、ニューヨーク、ロサンゼルス、ドバイ等。東京もしかり。世界各国の垣根がどんどん低くなり、同時に周りがたくさん見えるようになることで、行き来しやすくなっているからです。

今や、海外は飛行機でひとっ飛びになっている時代で、国別ではなく、都市別になってきています。これは、世界の都市の不動産が投資の対象になるということです。

ある専門誌によりますと、これからの世界人口の動きは、大都市圏に集中するようです。東京はますます人口が集中していますね。人口が多いエリアへ着目することは、不動産投資の鉄則・根底です（東京一極集中はそれはそれで大いに問題ありと思いますが）。

海外不動産投資を考える場合、一番の重要ポイントをおさえないといけません。それは、所有権の問題です。昨今、数百万円で手に入れることができることから、東南アジアへの不動産投資が増えていますが、政情が不安定なため、自国民を優先して外国人の不動産所有権に制限をかけていたり、カントリーリスクがあるために、せっかく購入した不動産物件が召し上げられてしまうといった将来的な不安があります。

筆者も5年前、タイのチェンマイに1LDKのマンションを購入しましたが、マンションの場合、全室の49・9％までは外国人にも所有権を認めています。一戸建ては区分できないため、外国人の所有は不可能のようです。やはり海外不動産投資を検討する場合は、先進国に限定するほうが賢明かもしれません（チェンマイのマンションは2年前に売却済み）。

こうしたなかアメリカの不動産は、世界最強の通貨ドル・ベースの現物資産ですから最も価値が高く、一番安心できる不動産ということになります。また、所有権は誰にでも認められています。そのなかで、とくに西海岸のロサンゼルスを中心にアメリカ不動産投資を解説します（拙著：「ドル資産を持て！」参照）。

なお、ここで解説しますアメリカ不動産の利回りですが、すべて**ネット**利回りです。つまり、収入（家賃）から、固定資産税、管理費、修繕費、水道代、ガス・電気代（家主負担分）等、すべての経費を支払った後の手取り収益額を、出資額で割り出した利回りです。他でよく知られている利回りCAPは、グロス利回りですので、注意してください。

アメリカの中でやはり西海岸、カリフォルニア州サンフランシスコのシリコンバレー地域とロサンゼルスやサンディエゴは、アメリカ人に人気がある地域です。筆者はロサンゼルスに在住して不動産活動をしておりますので、ロサンゼルスを中心に述べたいと思います。ここ5年の間に、節税対策のためのアメリカ不動産取得に50件以上のお世話をしてきました。それらの案件も紹介したいと思います。

ひと口にロサンゼルスといっても、その広さは関東平野ほどあり、有名なビバリーヒルズやサンタモニカ、ハリウッド、パサディナ、ニューポートビーチ等の都市や地域も、近隣や市内に集まっています。これらをある程度まとめて、ロサンゼルス郡、オレンジ郡、リバーサイド郡等、郡として統括しており、不動産にかかわる固定資産税等は、この郡がとり仕切っております。

もちろん、アメリカも日本と同様に、物件のロケーションが一番大事です。しかし、日本とは少し違っておりまして、地域によってはドラッグ問題があり銃社会ですので、生命の危険があるところは避けられて、安全なところ、学校区の良いところが選ばれるため、日本とは全く違う基準になります。

近年、加速償却可能の対象物件を購入し、大幅な節税に成功している事例が多々あります。もちろんこういった加速償却を利用して節税も可能ですが、安定した利回り収入、将来の売却益狙いもできるのが、アメリカ不動産投資です。アメリカ不動産の魅力は、日本の不動産に比べて資産価値や所有することによる経済効果が大きく、かつ安定していることです。その特長は、次の5つがあげられます。

1　空室リスクがない
2　建物耐久年数が長い
3　価値が上昇
4　売買契約、所有権保持・移転が明確
5　節税効果

それぞれを説明していきましょう。

①　空室リスクがない

アメリカの主要都市の人気のエリアでは、常にほぼ満室状態で、空きが出てもすぐに埋まります。アメリカの不動産では、ロケーションがすべてといっても過言ではないほど重要で、ロケーションのランクと空室率が比例しています。最も人気の高いエリアでは、その日のうちにテナントがみつかります。それも、家賃の滞納等がない属性の高いテナントです。

たとえば、ロサンゼルス郊外のビーチシティーであるマンハッタンビーチ（ロケーション・ランク：A）では、新しいテナントは実際に0日から7日でみつかっています。ロサンゼルスの空室率は4％から5％ですが、これは内陸部も含めた全体での空室率で、ロケーション・ランクの高いビーチエリアや、ビバリーヒルズ、サンタモニカといった都市に近づけば近づくほど、空室率は低くなります。つまり、限りなく満室状態であるということです。

②　耐久年数が長い

居住用不動産の耐久年数は100年から120年で、とくに、節税に適する木造建築物が多いアメリカ西海岸では、築年数が長く、60年や80年くらいの物件が多くなっています。これは、木が本来長持ちすることに加え、西海岸は年中温暖で乾燥していることから、とくに耐久年数が長いようです。

西海岸のロサンゼルス、サンフランシスコ、サンディエゴ、シアトルや、ハワイも含め、築年数が古いです。たとえば、ビバリーヒルズの高級豪邸の築年数は60年から80年、なかには100年ほどの物件もあるのです。アメリカ不動産市場は、新築物件が極めて少なく、中古物件がそのほとんどを占めております。

③　価値が上昇

優良エリアで人気の高いところの物件は、メンテナンスをきちんとしていれば、物件価値はどんどん上がります。とくに、清潔で高級感のあるリモデルをしますと、価値が上がるだけでなく、すぐに売却になります。不動産は通常、現金化するのに時間がかかりますが、物件価値の高い不動産は1ヶ月以内で、しかも高値で売れてしまいます。アメリカ不動産市場は、流動性が非常に高いマーケットです。

④　契約・所有権が明確

アメリカは法治国家ですから、不動産取引は明確で透明です。契約書がすべてで、その内容に沿って不動産専門処理サービス機関（エスクロー）が、公平に不動産業務を執り行います。また所有権移転は、所有権者がその所有権を譲渡する・移転するという証書に署名します。たとえば、売主Aが買い手Bに売買契約によってその所有権をAからBに譲渡・移管するとして、譲渡証書に公証人の前でAが署名、公証人は本人確認および間違いなくその本人が目の前で署名したことを証明し、所有権移転が可能となります。

日本のように、権利書と印鑑（実印）を持っていれば誰でも売却や譲渡をすることができるような仕組みにはなっていません。実は、アメリカには権利書にあたる書類はありません。すべては郡の登録局（カウンティー・レコーダー・オフィス）に登録されているかどうか、その内容がすべてになります。そのためアメリカには、権利を保障する保険（権原保険と訳されています）が必要になります。これが「タイトル保険」です。

⑤ 節税効果

近年、22年以上の木造建築物であれば、4年間での加速度償却が認められることで、節税効果を上げられるとして、日本の高額納税者や富裕層にアメリカ不動産投資をする方が多く見受けられますが、アメリカ不動産を所有することによって、アメリカでの確定申告を行うため、アメリカの納税者番号が取得できます。この番号があれば、アメリカの金融商品が手に入りやすくなります。たとえば、利回り４％前後の個人年金型保険や高額生命保険の購入も可能で、相続税の資金調達に適しております。

アメリカでは、富裕層の資産運用や節税、相続対策のため、数多くのプログラムや金融商品が開発されています。これらは、日本でも十分に活用できます。そのため、アメリカ在住の日本人の資産家の方々も、滞在中に、このようなプログラムや商品を購入されるケースが多く見られます。このように、将来的にアメリカの金融商品を使って資産の分散、運用、相続対策にも利用できるというのも、アメリカ不動産の魅力の一つといえます。

3

アメリカ不動産投資の特長
——実例をあげて紹介

アメリカ不動産投資の大きな特長は、次の3つです。

1 節税効果
2 安定利回り
3 売却益

ここでは、それぞれ実例をあげて実証していきましょう。

① 節税効果

不動産投資における節税メリットは、減価償却です。減価償却は、簿記上のことで、実際のお金の動きはありません。減価償却額は、費用として自分の所得から差し引けて、課税対象額が減りますので、その分税金も減ります。ですから、たくさん減価償却額が取れれば、税金も少なくなるということです。

前章の最後で減価償却を解説いたしましたが、減価償却の対象となる建物の割合が土地と比べて多いと償却が多く、節税効果も上がります。それから、耐用年数が建物の構造で違います。前述のように、ＲＣ造で47年、木造で22年です。それを上回りますと、それぞれ20％の耐用年数になるので、ＲＣ造で９年、木造で４年です（小数点以下切り捨て）。したがいまして、一番効果が高いのは、木造で22年以上経過している物件が４年で償却ですから、それがベストとなります。

そこで注目されるのはアメリカ、とくにロサンゼルスやサンフランシスコ等の西海岸の不動産です。アメリカの不動産は、土地の価値が建物より少なく、そのため減価償却対象の建物割合が高いため、償却がたくさん取れて節税がかなりできる場合が一般的です。しかしながら、たいていの場合はそうですが、実はそうでもないんです。

有名なビバリーヒルズの物件なら、通常土地の価値が高く、70～80％以上の物件はたくさんあります。したがいまして、減価償却対象の建物比率は20～30％と低くなります。有名な高級住宅街物件の土地は高い（＝建物比率が低い）ので、償却があまり取れないことになります。

しかしながら、ビバリーヒルズのような都市でも、建物比率が高い物件はあります。つい先日も、ビバリーヒルズの２ＬＤＫで築22年以上の木造コンドミニアム（85万ドル）の物件がありましたが、建物比率が80％もありました。当然ながらすぐに売れてしまいましたが。85万ドルの80％が建物部分になりますので、償却対象額は68万ドルで4年で償却ですから、1年で17万ドル償却できます。つまり、課税所得額が17万ドル、１７００万円少なくなるということです。計算を簡単にするため、１ドル＝１００円とします。

このように築22年以上の木造物件が、一番節税効果が高いということです。すでに筆者のお客様、日本人投資家様が数十名以上実行されておられますので、ここで実例をあげてみましょう。

実例 1

全景

北関東の会社役員様が、2014年12月にロサンゼルスの南に位置するトーランスの17戸（＝17部屋）・1982年築のアパートを、260万ドルでご購入。頭金104万ドル、ローン156万ドル（借入比率60％。金利3・75％）を筆者紹介の地元アメリカの銀行から借入れ。本物件の建物比率は70％で、償却額は182万ドル、1年の償却額は45.5万ドル、約4,550万円になります。ご自身の所得額からこの償却額を引き当てて、納税額が大幅に減少し、大変喜ばれておられます。なお、利回りを示すCAP ＊は4％を超えています。

Net Operating Incomeは、管理費、保険、固定資産税等の費用を差し引いた純営業・運用利益のこと。CAPは「キャップレート」ともいい、「Capitalization Rate」を略した言葉です。投資対象の不動産の資産価値を評価する指標の一つで、「資本収益率」「還元利回り」「収益還元率」「NOI利回り」とも呼ばれています。

＊ CAP ＝ Net Operating Income ÷ Price

キッチン

リビング

ベッドルーム

バスルーム

内庭

実例 2

建物の横側

不動産開発会社様が、2014年6月にロサンゼルスの北にある1988年築・21戸のアパートをオフマーケットで見つけ、635万ドルでご購入。建物比率は74％で、償却額は469.9万ドル（約4億6,990万円）。年間償却額は117.475万ドル、毎年約1億1，747.5万円の償却。法人税の削減に大いに寄与。利回りCAPは、当初の3.75％から4％に改善。

前景

内庭

建物の一部

実例3

建物前景

九州の企業オーナー様が、2015年11月にロサンゼルスの南の高級住宅街に建っていた3LDKのタウンハウス（メゾネット形式2階建て）を、49.5万ドルでご購入。建物比率80％で、償却額は39.6万ドル＝約3,960万円。年間償却額は990万円。納税額がかなり減少し、大変喜ばれております。利回りCAPは3.75％。

リビング

内庭

キッチン

ダイニング

ベッドルーム

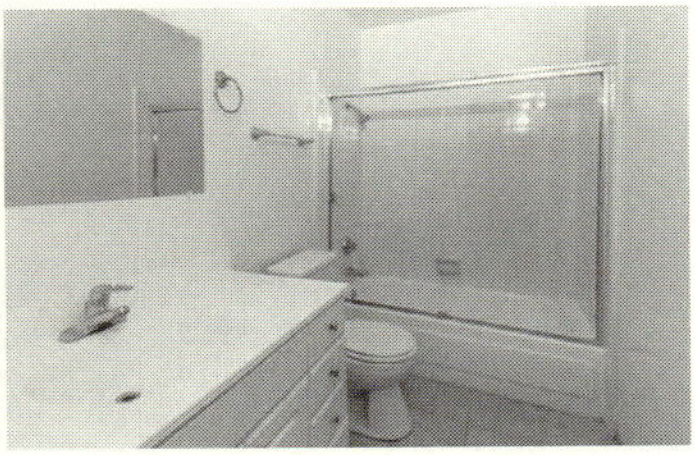
バスルーム

実例 4

建物の前から

建物の横側

東京の企業社長様が、2016年12月にロサンゼルスの空港の南に位置するハモサビーチの3LDK2戸のアパート・1975年築を174万ドルでご購入。建物比率75％で償却額は130.5万ドル＝1億3,050万円で、年間償却額は3,262.5万円。納税額が大きく減少。利回りCAPは、3.15％。

建物の裏側

建物全景

② 安定利回り

利回りが高い物件は、たいていエリアのよくないところが多く、一方でロケーションのよい物件は、確かに利回りは低いですが、収入が安定しています。利回りの高い物件が多いエリアのよくないところでは、実は利回りがよくないのです。理由は、テナントの属性が低いためで、家賃の遅延や延滞がほぼ常態化します。家賃収入が入らず、退去させるため、弁護士費用、さらに退去後の清掃や修理代がかさむため、利回りが悪化します。

実例 5

建物全景

筆者のケースですが、2011年11月、銀行の抵当流れでトーランスの1LDKのコンドミニアムを13.02万ドルで購入。ただし、バスルームが古く、壊れているところもあったので3,500ドルかけて改装。1,200ドルで貸し出して、利回りは7.7%。現在は、家賃が1,400ドル、利回りは8.45%に上昇。

キッチン

リビング

バスルーム

ダイニング

実例 6

建物前景

ビーチまで歩いていける

関西の不動産会社社長様が、2011年9月、ロサンゼルス空港から車で南へ10分程度のビーチ沿いの3戸建てで、1989年築のアパートを194万ドルでご購入。当初の利回りは3%程度であったが、現在は5.3%。現在、売却見込み価格は400万ドルから450万ドル。

建物横から

テラスからの海岸の眺め

Before

バスルーム

建物の横側

建物の裏側から

建物の横側

建物前景

キッチン

2014年5月、北関東の会社社長様がサンタモニカの1990年築・7戸のアパートを310万ドルでご購入。およそ36万ドルかけて外部も含め各部屋、外壁も含め全面改装しました。実際の施工者は、筆者が選択した地元の建設会社。

翌2015年9月には、家賃が80％以上アップし、利回りは4.5％以上を達成。現在の価値は約450万ドル。ご購入から改装工事まで筆者が担当。人気のサンタモニカの物件で、全面改装により新築同様となり、マーケット同様、もしくはそれ以上の家賃が取れました。

After

建物前景

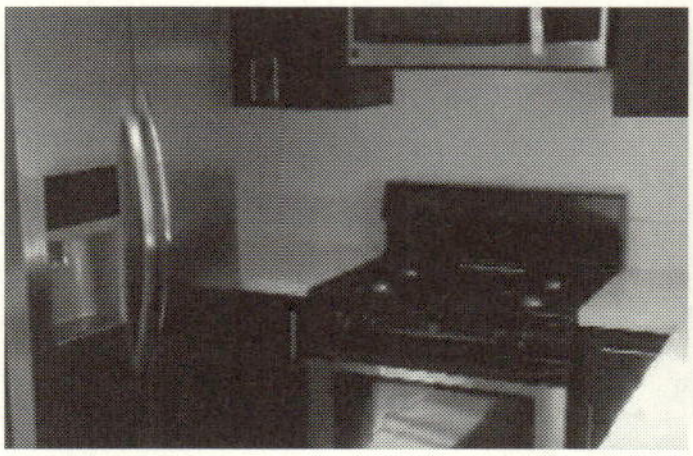

キッチン

バスルーム

③ 売却益

確かに、不動産市況がリーマンショックのように悪くなるときはありますが、正常に戻ったり景気が良くなったりしますと、不動産価格は上昇します。とくに人気のあるエリアの優良物件は、不況のときは、下落幅がエリアの悪い物件よりもかなり限定的で、下げ幅が5％から10％に留まります。

実例 8

建物前景

中部地方の建築資材会社オーナー様が、2011年9月、1978年築のトーランスの1LDK アパートを13.4万ドルでご購入。価格13.4万ドルのうち、9.38万ドル（70％）を現地銀行より金利3.5％で借入れ。頭金は4.02万ドル（30％）。2015年3月に20.5万ドルで売却。4.02万ドルの投資で、3年半で7.1万ドルのグロス利益。年率ベース約50％のリターン。

リビング

テラス

ウォークインクローゼット

バスルーム

ダイニング

バスルーム

ベッドルーム

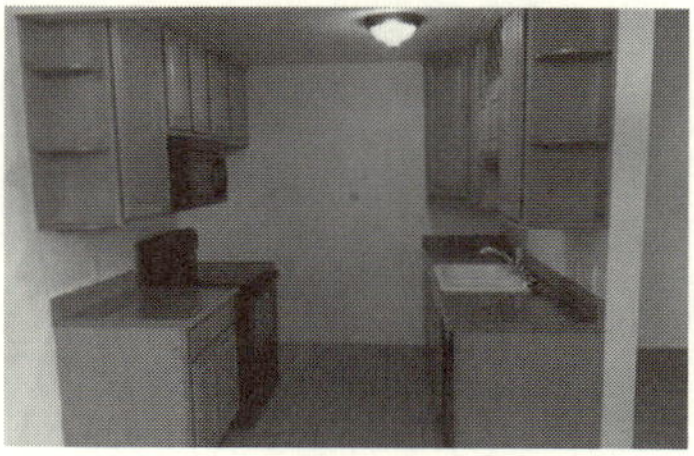

キッチン

Before

建物の裏側から

建物の前景

建物の横側

建物の前景

2014年5月、アメリカ人の個人投資家様と投資会社様が、ロケーションがよいレドンドビーチの手入れが行き届いていない16室アパートを3,300万ドルで購入。地元のアメリカ人の投資会社に参加し、約40%のエクイティー部分は個人投資家を募集して有限法人LLCを組成し、残りの60%を地元投資会社が銀行ローンを引っ張りました。16室のうち、14室を改装。また外装も施し、賃料を約80～90%アップして、2015年9月に6,700万ドルで売却。改装費、売却手数料等を差し引いて、約2,800万ドルのネット利益を生み出しました。個人投資家や地元投資会社社員全員が大喜び。

After

ベッドルーム

フロントゲート

ガレージ

建物前景

乾燥室

実例 10

キッチン

キッチン

リビング

テラス

東京の不動産会社部長様が、2015年12月に優良学校区パロスバーデスの3部屋1バス・1974年築のタウンハウスを、48.5万ドルでご購入。バスルームを一つ増やし、元のバスルームから台所までをすべて改装。改装費用総額4.5万ドル。これでグレードアップし、2016年12月に59.25万ドルで売却。グロス売却利益は6.25万ドル、11.8%。

シャワールーム

バスルーム

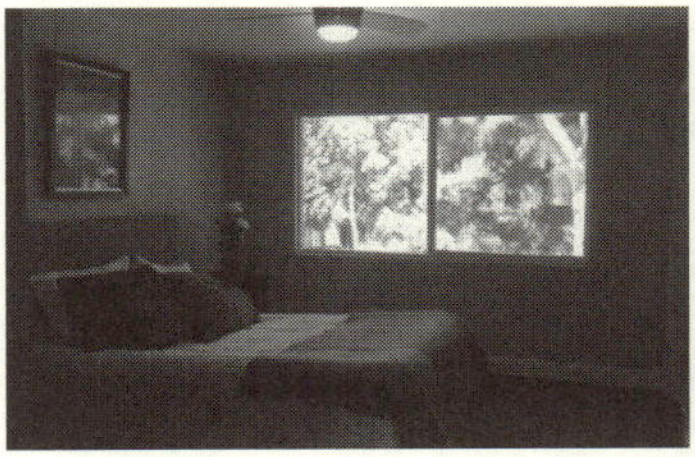

ベッドルーム

ダイニング

建物前景

ガレージ

アメリカ不動産でも、第4章で述べましたように、リフォーム（改装）案件が一番の利益と価値を生み出します。ロサンゼルスの中でも人気の高いエリア、つまりテナントがいつでも見つかるエリアを選び、手入れの行き届いていないアパート物件を物色します。改装さえすれば、周囲のアパートと同じ高い家賃が取れることとなり、成功間違いなしです。

問題はそれ相応の物件を見つけることが、唯一の難点です。たとえば、紹介しました実例9の16室のアパートで、1LDK の賃料が900ドルから1100ドル（相場は1600ドルから2000ドル）、2LDKの賃料が1600ドルから1950ドル（相場は2100ドルから2600ドル）だったのを改装し、家賃をそれぞれ相場並みに上げました。

当然の結果として、価値はその分に応じて利回りともに上がり、実際の結果は、1年4ヶ月で約280万ドルのネット利益を上げました。このように改装すればどれだけの家賃が見込めるか、周りの同様な物件の家賃相場で、答えは出ているのです。こんなに簡単な方法はありません。答えが出ているのですから。施工業者もいますので、あとは物件だけとなります。

具体例

Before

バスルーム

バスルーム

バスルーム

建物全景

建物前景

ガレージ

キッチン

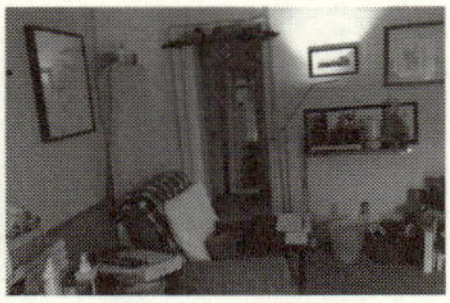
リビング

2017年2月末に、レドンドビーチの5室（全室2LDK）のアパートを東京の企業様がご購入。5月より改装工事を始め、7月から8月にかけて順次完成し、新しいテナントも入居済み。家賃は1,100ドル～1,300ドルから2,200ドル～2,350ドルとほぼ2倍（80%から100%）の値上がり。購入、改装工事、売却までのサポートを筆者が担当。

改装中

バスルーム

バスルーム

キッチン

キッチン

キッチン

リビング

After

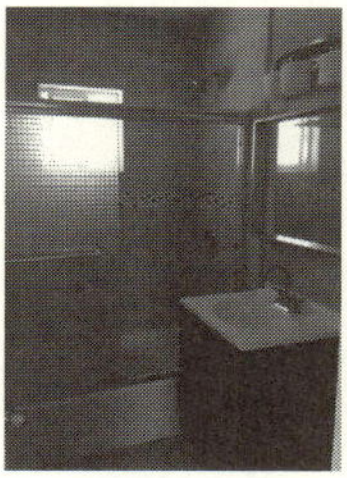

バスルーム

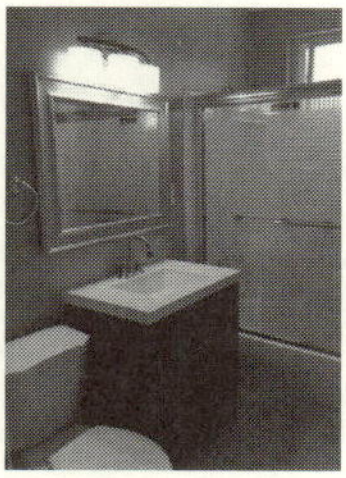

バスルーム

建物前全景

建物前景

建物前景

ガレージ

キッチン

キッチン

前記の具体例のように、現在、次のプロジェクト・案件を模索・検討中です。必要であれば、案件ごとのＬＬＣを設立し、ＩＲＲベースで12％から16％の利回りを目指します。改装施工は、経験豊富な2社1グループから選択し、プロジェクト全体を筆者が見ます。ご興味がございましたら、直接筆者にご連絡ください。詳細な情報・資料を送付いたします（cosmokanai@gmail.com）。

検討案件

住所：2408 Grant Avenue, Redondo Beach, CA 90278	改装案件

物件内容	
価格	$ 2,859,000 (売 3,750,000
戸数	6
建物面積(s.f., m2)	5,341 491m2
土地面積(s.f., m2)	7,507 690m2
築年	1963
建物比率	72%
償却額（4 年）	2,700,000 ㌦
CAP(推定ネット利回り) ＊	2.8%, 2.88%, 3.32%
年間償却額（$1=110 円）1 年	7,425 万円
1 戸当り価格	$ 499,833
リノベーション費用：	
[内訳] 3Bed:5 万㌦、2Bed: 4 万㌦ x5	$ 250,000
NOI（全改装後）	$ 79992,108097, 124645
取得費用（推定）	約 40,000 ㌦
総合計＊（推定）	$ 3.299M (含販売手数料)

運営支出（売$3,750,000 見込み推定）	
固定資産税(1.25%)	46,875
保険	2,000
管理費($500/mo)	6,000
オンサイトマネジャー	
修理・維持費	1,200
電気	1,200
ガス	600
水道	2,400
ゴミ	2,000
ランドスケーピング	
Reserve	
AM 費	1,200
その他	1,000
合計（全改装後）	$ 64,475

収入	
賃料	135360 ㌦ 175200 192,000
空室率(1.5%)	▲2030 ▲2628 ▲2880
合計	133,330 172,572 189,120

各戸内訳				
戸数	タイプ	現賃料	改装後 1,	2
1	3bd-2ba	3,000 ㌦	3,350	3,500
5	2bd-1ba	1380~1850 ㌦	2,250	2,500
6		11,280 ㌦	14,600	16,000

コメント	ロケーションは B+から A−。本件特徴は売主が 50%のローンを提供、金利は 5%、利息のみ月々5,956.25 ㌦支払。3 ベッドは 7 月より空室、購入後すぐに改装に着手可能。賃貸契約は月決めのため、購入後 2 か月通知で賃料値上げ可能。現賃料ベースの CAP は 2.8%。全改装後マーケット CAP3.3%で$3.75M 売却。純利益 45.1 万ドル見込む。

具体例と同じ、レドンドビーチの売値285.9万ドル6室のアパートを、50％の142.95万ドルを投資。残りの50％は、売主自身が金利5％でローンを提供。全室25万ドルで改装し、家賃をそれぞれ10％超から65％アップ。CAPを相場並みの3.3％に上げ、375万ドルで売却見込み、売却益は45.1万ドルを見込む。詳細は案件詳細シートをご覧ください。

改装後のイメージ写真

4

その他お勧めの物件のご案内

ここでは、最後にその他節税物件など、お勧めの物件9件をご案内させていただきます。

物件1

住所：3560 Emerald Street, Torrance, CA 90503	節税案件

物件内容		運営支出	
売却価格	$ 1,750,000	固定資産税(1.25%)	21,875
戸数	4	保険	1,260
建物面積(s.f., m2)	3,600 331m2	管理費($400/mo)	4,800
土地面積(s.f., m2)	5,652 519m2	修理・維持費	2,141
築年	1963	電気・ガス・水道	3,200
建物比率	68%		
償却額（4年）	1,190,000ドル		
CAP(推定ネット利回り) ＊	2.58%	ゴミ	360
年間償却額（$1=110円）1年	3,272万円	リザーブ	1,000
1戸当り価格	$ 437,500	資産管理費	1,200
NOI	$ 45,140		
取得費用（推定概算）	35,000ドル	合計（全改装後）	$ 35,836

収入		各戸内訳			
賃料(値上げ後)	80,976	戸数	タイプ	現在	値上げ後
空室率(1.5%)	（現在満室）	4	2bd-1ba	1,250~1,798ドル、	1,650~1,798ドル
合計	80,976	4		5,948ドル	6,748ドル

コメント	ロケーションはB+～A-. 賃貸需要の多いエリア。

住所： 21021 Madrona Ave., Torrance, CA 90503	節税案件

物件内容			運営支出	
売却価格	$ 1,395,000		固定資産税(1.25%)	17,437
戸数	2		保険	1,800
建物面積(s.f.，m2)	3,734	343m2	管理費(Own)	0
土地面積(s.f.，m2)	6,014	553m2	修理・維持費	1,000
築年	1989		電気	300
建物比率	54%→75%		ガス	100
償却額（4年）	1,046,250ドル (75%)		水道	900
CAP(推定ネット利回り) ＊	3.53%		ゴミ	600
年間償却額（$1=110円）1年	2,877万円 (75%)		リザーブ	1,000
1戸当り価格	$ 697,500		資産管理費(own)	0
NOI	$ 49,263		その他	1,000
取得費用（推定概算）	25,000ドル		合計（全改装後）	$ 25,137

収入		各戸内訳		
		戸数	タイプ	現在
賃料(値上げ後)	74,400	2	3bd-2ba	3,100ドル x2
空室率(1.5%)	(満室)			
合計	74,400	2		6,200ドル

コメント	ロケーションはB+。人気のタウンハウス・スタイル。家賃の制限がないので、値上げは可能。また、それぞれ2台のガレージ内に洗濯機・乾燥機付き。賃料をそれぞれ3,200ドルに値上げれば、CAPは3.7%に改善する。

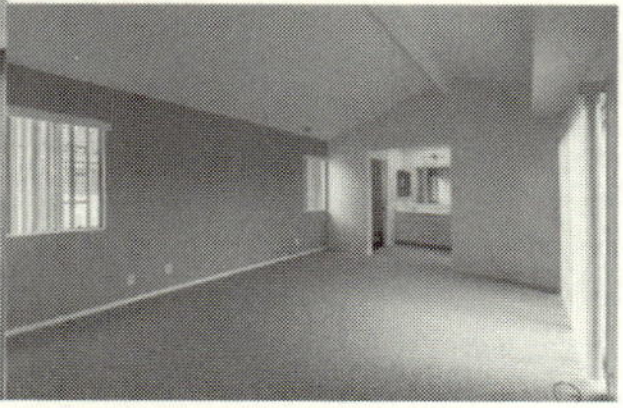

物件3

住所： 3244 Barham, Los Angeles, CA 90068	節税案件

物件内容			運営支出	
売却価格	**$ 1,325,000**		固定資産税(1.25%)	16,562
戸数	2		保険	1,000
建物面積(s.f., m2)	2,210	203m2	管理費(Own)	0
土地面積(s.f., m2)	5,791	532m2	修理・維持費	1,000
築年	1951		電気	300
建物比率	**47%→70%**		ガス	100
償却額（4年）	927,500ドル (70%)		水道	1,000
CAP(推定ネット利回り）＊	**3.55%**		ゴミ	900
年間償却額（$1=110円）**1年**	**2,550 万円 (70%)**		リザーブ	1,000
1戸当り価格	$ 662,500		資産管理費	0
NOI	**$ 47,098**		その他	1,000
取得費用（推定概算）	26,000ドル		**合計（全改装後）**	**$ 22,862**

収入		各戸内訳		
		戸数	タイプ	現在
賃料(値上げ後)	**69,960ドル**	1	2bd-2ba	2,830ドル
空室率(1.5%)	(満室)	1	2bd-1ba	3,000ドル
合計	**69,960ドル**	**2**		**5,830ドル**

コメント	ロケーションはB+～A−。ユニバーサル・スタジオの近く。

住所: 530 Palm Drive, Glendale, CA 91202	節税用物件

物件内容		支出(推定)	
価格	$ 6,750,000	固定資産税	78,000
戸数	16	保険	5,845
建物面積(s.f.，m2)	13,586 1,249m2	管理費(4%)	15,360
土地面積(s.f.，m2)	11,990 1,103m2	資産管理費	
築年	1985	修理・維持費	11,861
建物比率（鑑定後）	66.88%	電気・ガス・水道	7,952
償却額（4年）	4,514,400ドル		
CAP(推定ネット利回り)	3.47%→4.01%		
年間償却額（$1=110円）1年	1億2,414万円		
1戸当りの価格	$ 421,875		
NOI	$ 234,682 270,862	オンサイトマネージャー	8,400
物件取得費用(推定)	$ 118,125	合計	$ 127,418

収入			各戸内訳	
			戸数	タイプ 賃料現在→値上げ後
賃料	357,780	402,000	1	3bd-2ba 2,450ドル→2,900ドル
空室率(2%)［現在満室］		▲8,040	7	2bd-2ba 2,128ドル→2,320ドル
ランドリー	4,320	4,320	8	1bd-1ba 1,559ドル→1,750ドル
合計	$ 362,100	398,280	16	29,815ドル→33,500ドル

コメント	ロケーションはB+～A-。賃料は周辺相場より20%以上低いため値上げ後のCAPは4.01%へと改善。

物件5

住所: 658 Midvale Ave., Los Angeles, CA 90024 (Westwood Area)	節税用物件

物件内容		支出(推定)	
価格	$ 3,500,000	固定資産税	43,750
戸数	6	保険	3,500
建物面積(s.f., m2)	6,656 612m2	管理費(4%)	6,488
土地面積(s.f., m2)	7,654 704m2	資産管理費	
築年	1940	修理・維持費	2,400
建物比率（鑑定後）	31%→70%	電気・ガス・水道	4,400
償却額（4年）	2,450,000ドル(70%)	ゴミ	600
CAP(推定ネット利回り)	2.778%		
年間償却額（$1=110円）1年	6,737 万円	ランドスケーピング	2,100
1戸当りの価格	$ 583,333	ペスト・コントロール	725
NOI	$ 97,241	予備費	1,000
物件取得費用(推定)	$ 61,250	合計	$ 64,963

収入		各戸内訳	
		戸数	タイプ　賃料現在
賃料	162,204	2	2bd-2ba　2,307ドル　3,750ドル
空室率(2%)〔現在満室〕		4	1bd-1ba　1,551ドル~2,100ドル
合計	$ 162,204	6	13,517ドル

コメント	ロケーションはA-～A。UCLAのすぐ近くで、周辺はおしゃれなお店が立ち並ぶ人気のウエストウッド。

物件6

住所: 640 8th Street, Hermosa Beach, CA 90254	節税用物件

物件内容		支出(推定)	
価格	$ 1,450,000	固定資産税	16,000
戸数	2	保険	664
建物面積(s.f., m2)	1,896 174m2	管理費($300/mo)	3,600
土地面積(s.f., m2)	・2,515 231m2	資産管理費	600
築年	1955	修理・維持費	1,762
建物比率（鑑定後）	**44%→70%**	電気・ガス・水道・ゴミ	1,600
償却額（4年）	1,015,000ドル(70%)		
CAP(推定ネット利回り)	2.256% 3.274%		
年間償却額（$1=110円）1年	**2,791 万円**	ランドスケーピング	1,200
1戸当りの価格	$ 725,000		
NOI	**$ 32,714 47,474**	予備費	600
物件取得費用(推定)	$ 29,000	**合計**	**$ 26,026**

収入		各戸内訳			
		戸数	タイプ	賃料現在	値上げ後
賃料	58,740 75,000	1	3bd-1ba	2,545ドル	3,500ドル
空室率(1.5%)	〔現在満室〕 ▲1,500	1	2bd-1ba	2,350ドル	2,750ドル
合計	$ 58,740 73,500	2		4,895ドル	6,250ドル

コメント	ロケーションはA-～A。ビーチに近くトレンディーなお店やレストランが立ち並んでいるエリアにも近い住宅エリア。

物件7

住所: 600 Monterey Blvd., Hermosa Beach, CA 90254　　節税用物件

物件内容		支出(推定)	
価格	$ 9,800,000	固定資産税	122,500
戸数	10	保険	3,000
建物面積(s.f., m2)	8,168　751m2	管理費(4%)	14,376 16,062
土地面積(s.f., m2)	5,986　550m2	資産管理費	
築年	1972	修理・維持費	10,782
建物比率（鑑定後）	43%→70%	電気・ガス・水道・ゴミ	7,000
償却額（4年）	6,860,000ドル(70%)		
CAP(推定ネット利回り)	2.04%　2.45%		
年間償却額（$1=110円）1年	1億8,865万円	ランドスケーピング	1,200
1戸当りの価格	$ 980,000		
NOI	$ 199,542 240,000	予備費	1,000
物件取得費用(推定)	$ 171,500	合計	$ 159,858 161,544

収入			各戸内訳	
賃料	359,400	405,600	戸数	タイプ　賃料現在　値上げ後
空室率(1%)	〔現在満室〕	▲4,056	8	2bd-2ba　3,200ドル　3,600ドル
			2	1bd-1ba　2,175ドル　2,500ドル
合計	$ 359,400	401,544	10	29,950　33,800ドル

コメント	ロケーションはA-～A。ビーチに近くトレンディーなお店やレストランが立ち並んでいるエリアにも近い住宅エリア。

物件8

住所: 3777 Rosewood Ave., Los Angeles, CA 90066	節税用物件

物件内容		支出(推定)	
価格	$ 1,449,000	固定資産税	18,113
戸数	2	保険	1,200
建物面積(s.f., m2)	1,400 130m2	管理費	
土地面積(s.f., m2)	4,955 470m2	資産管理費	
築年	1924	修理・維持費	600
建物比率（鑑定後）	11%→70%	電気	600
償却額（4年）	1,014,300ドル(70%)	ガス	300
CAP(推定ネット利回り)	2.9% 3.23%	水道	900
年間償却額（$1=110円）1年	2,789万円	ゴミ	600
1戸当りの価格	$ 724,500	ランドスケーピング	
NOI	$ 42,097 46,825	予備費	600
物件取得費用(推定)	$ 28,980	合計	$ 22,913

収入			各戸内訳	
賃料	66,000	70,800	戸数	タイプ 賃料(予想) 1 2
空室率(1.5%)	▲990	▲1,062	2	1bd-1ba 2,750ドル 2,950ドル
合計	$ 65,010	69,738	2	5,500 5,900ドル

コメント	ロケーションはA-〜A。全面改装済み。ビーチにも近く有名なAbbot Kinney通りのトレンディーなお店やレストランが立ち並んでいるエリアにも近い人気住宅エリア。

物件9

住所：28610 Friarstone Ct., Rancho Palos Verdes, CA 90275

物件内容		収入・支出	
価格	**$ 550,000**	収入：	
部屋数・バスルーム	3bed－1.5bath	家賃	2,900
建物面積(s.f., m2)	1,240　114m2	空室率(2%)	
土地面積(s.f., m2)		ネット収入	2,900
築年	1974	支出：	
建物比率	**24%（→75%）**	固定資産税(1.2%)	573
償却総額 4 年	**412,500 ドル**	HOA(共益・組合費)	330
CAP（実質ネット利回り）	**3.78%**	物件管理 PM($175/mo)	175
年間償却額（$1=110 円）	**1,134 万円**	修理・維持費	50
		HO6 保険（オーナーズ保険）	40
NOI	**$ 20,784**		
取得費用(推定)	約 8,250 ドル	その他	
		合計	**$ 1,732**

コメント	ロケーションは、A−。高級住宅地パロスバーデスの一角で優良学校区。建物比率は 75%に上方修正可能。

■不動産担保付証券（＝ローン）

これは、物件を所有せず、物件を買いたい人にローンを貸し出すアメリカでの手法です。ネット利回りは6％から10％です。このような高い金利を借りる人は、例のサブプライム、つまりクレジットに難がある人ではと思いがちですが、アメリカの住宅ローン申し込みは、銀行でもローンのガイドライン（融資条件）は、FreddieMacやFannieMaeが保証ないしはローン債権を買い取りますので、FreddieMacやFannieMaeの条件になるわけです。

その条件の一つに、勤続年数2年というのがあります。日本ではほとんどの方が問題ないのですが、アメリカではより地位が高く、収入の多いところに転職しますので、収入の多い人ほど勤続年数が少ないという傾向があります。収入が多い方は総じてクレジットは良いので、本当は問題ない人たちが多いのです。しかしながら、その勤続2年の条件は満たせないので、ローンは下りないのです。しかし、物件は欲しい人が多いので、勤続2年になるまで待つより、金利が少々高くても銀行ではなくプライベートトレンダーから借りて、勤続2年に達すれば、銀行から借り替えて返済するので、1年前後でローンは完済され戻ってきます。

このようなプライベートレンダーから借りると、ケースバイケースですが8%くらいで、一方、銀行の金利は4%前後ですので、その差の4%だけ1年程度余分に支払うという考え方です。中長期的にみれば、1年間の4%分を数十年のローン期間でならすことになりますので、またローン利息分は税金控除になるため、思うほどの損にはならないということです。

かかる状況下、このような高金利でも借りる人がおり、意外とクレジットの良い人が多く、1年程度で返済を受けるため、安全性は高いといえます。仮に返済不能となり不良債権化すれば、担保物件を差し押さえて売却し、資金を取り戻すので、時間は半年ほどかかるものの、延滞利息分と元本すべて全額回収できる安全投資です。現在、銀行でのローン承認が下りるのは、10人の申し込みのうち2～3人です。理由は、FreddieMac や FannieMae の条件が細かいためです。

まとめ

●アメリカ不動産投資でリスク分散、節税・安定収入・売却益を見込む

●アメリカ不動産投資も、エリアが最も重要

＼ こぼれ話 5 ／

銀行と融資

２０１６年11月、金融庁が銀行の融資責任者や担当者を集めて「日本型金融排除を止めてもっとリスクを取って融資をするように」と要請したとのことですが、銀行側は本当に困惑しているようです。なぜ困惑しているのか？

90年代の後半に金融不安が起こり、北海道拓殖銀行の経営破たん、山一證券の廃業等、金融機関がバタバタと倒れ、金融庁が「今後、不良債権をこれ以上出すな」と銀行側に檄を飛ばしたのです。それを受けて銀行側は、不良債権を出すまいとして、融資の際の貸出先の財務内容や決算をベースに、10段階の内部格付けを作成し、その格付けによって融資を決めることになったようです。それもこれも金融庁が、「これ以上不良債権を出すな」ときつくお達ししたのにもかかわらず、今度は「もっとリスクを取って貸し出しを増やせ」と言っているのです。筆者からすれば、「それだったら自分でリスクを取れ」と言いたいですね。

格付けに応じて金融庁が裏保証を付ければいいのでは？　自分はリスクを取らず銀行に取らせて、それでまた不良債権が増えれば、業務命令を出したりするわけですから、本当に無責任です。ただ、筆者からみればどっちもどっちです。

20年以上の銀行勤務の経験から断言しますが、銀行は100%、いや200%以上銀行だけの都合しか考えておりません。お客のことは一切考えておりません。融資等を希望するお客が銀行で手続をする際、銀行取引約定書（銀行員の間では通称「銀取り」といわれていますが）に署名を求められます。筆者は一度、これを英訳することがあって、アメリカの弁護士とその内容を確認し、協議も行いながら読み込んで英訳しましたが、100%銀行の都合のいいように書かれていました。機会があればぜひ読んでみてください。また専門用語がたくさん書かれており、理解するのが大変ですが、それをいいことにお客を煙に巻いているのです。

そもそも、その約定書に署名しないと融資を受けられないわけですから、受ける側としては、署名をするかしないかの選択の余地は一切ないわけです。そういうこともあって、約定書をきちんと読み込む人はいないと思いますし、銀行のやっていることだから間違いはない、信用できると、勘違いしていると思います。もちろん、銀行にとって間違いは一切ありません。100%銀行の都合のいいように書かれているわけですから。

だいたい住宅ローンを組むにしても、やれ保証人だとか、やれ生命保険加入だとか、がんじがらめにされます。銀行は、本来であれば借入人が返済できなくなったら担保物件を差し押さえて処分し、ローン債権回収に充てれば済むことですが、がんじがらめにしてしまうのです。銀行や銀行員の悪口を言っているわけでなく、銀行の本質・真実を知っていただき、そのうえで銀行と賢く付き合っていただきたいと思います。

銀行員といえばテレビドラマの〝半沢直樹〟を思い出しますが、銀行員の本当につらいところは、銀行が発行する新株の購入を、半ば強制的に買わされることです。新株が発行されるときに、各支店の各部門に購入用紙が回ってきて、行員が購入する株数を、記入することになっています。もしゼロ回答をしようものなら、後で支店長に呼び出され「○○君はなぜ購入しないのかね？　私が君の勤務評価をつけるのは知っているね？」などと促されます。「支店長、生活がぎりぎりで全く余裕がありません」と返答しても、「それだったら組合共済会のローンを使えばいいじゃないか？500株としておくよ」と一方的に決められてしまいます。

実は、そういう支店長も、その地位相当の株数を購入しなければなりません。そしてさらに悪いことに、株価が下がっても売れないのです。つまり、株価が下がり続けても売れず、借金だけが減らないという構図です。どうしても売らなければならないとなれば、まず出世はあきらめることになります。あるいは、銀行を辞めるかしかないのです。

第6章

資産形成・投資利回り

1

資産形成・ポートフォリオ

理想とされる資産構成の内訳は、大きく分けて次のとおりとなります。

①絶対資産（収入を生み出す純資産　Net IPA）
②投資用現預金
③生活費現預金・緊急現預金
④金（ゴールド）

その他、保険など細かな分類はありますが、これらが主たる資産内訳となります。

①　絶対資産

「絶対資産」とは、必要かつ十分な年収を稼ぎ出す不動産を中心とした純資産のことです。

まずは、希望の年収を生み出す純資産として、株式や投資信託等がありますが、やはり不動産が中心になります。優良な収益物件を増やしていくことで、資産の核とするのです。必要であれば、資産の入れ替えも行ってください。もちろん、当初は債務となるローンを組まれると思いますが、いずれはローンの比率を少なくしていき、純資産額を増やしていってください。

この絶対資産が資産構成の中心になります。なぜなら、収入を生み出すからです。

資産総額として、1億円から5億円としましょう。

② 投資用現金

まず「投資用現金」というのは、次の投資予定があれば、すぐに対応できるように用意しておく現金のことで、不動産投資やその他の投資にいつでも使えるように準備しておきたい、現預金の投資用自己資金をいいます。

ここで提案したいのですが、自著「ドル資産を持て！」でも提言していますが、日本円だけに限るのではなく、ドルも持つことを強くお勧めいたします。理由は至極明瞭で、ドルは世界のお金の中心かつ基軸通貨であることに加え、世界最強国であるアメリカの通貨であるからです。基軸通貨は、ネットでも調べられますが、世界の通貨のベースになっていて、たとえば円からユーロや豪ドルに替えたい場合、円→ドル→ユーロや豪ドルの形で、いったんドルを通過するのです。世界の通貨の親のような感じです。またドルは世界で流通し、通用する最大多数のお金であり通貨なのです。

そして、実はこれが一番重要なのですが、世界の金融も元締めであるＦＲＢ（アメリカ連邦準備制度）が、ドルの発行量や金利等の金融政策を決定しているのです。一番の肝は、ＦＲＢがドルの発行権を持っている点です。彼らがドル紙幣を刷っているのです。

ＦＲＢは、アメリカ政府の中央銀行ではありません。私企業であり、オーナーはＪＰモルガン銀行、ゴールドマンサックス、ロスチャイルド銀行等です。要するに世界の金融の中心を、彼らがコントロールしているということなのです。だからこそ、ドル資産としてドル現金とドル預金口座は、所有しておくべきでしょう。所有するお金の30～50％くらいはドルにして、ドル口座に入れておくべきです。それで円を少なくすべきです。

参議院議員で経済評論家の藤巻健史氏も、その著書で「国も企業も個人もドルを買え」

と提唱されていますし、経済・金融評論家の豊島逸夫氏も「自国のお金を信じすぎる唯一の民族・日本人」「今こそ日本円を疑うべき」と、あるテレビ番組でおっしゃっていました。ドル口座は、たとえばハワイや香港、シンガポール等に旅行されたときに当地で開設してください。また、三菱東京ＵＦＪ銀行のホームページでも、アメリカのユニオンバンクの口座（ドル）が開設できますので、ご参考にしてください。

なお、日本の外貨預金口座は現地のドル口座ではありませんので、お勧めいたしません。海外開設のドル口座と日本の円口座を、オンラインでリンクしてください。そうすると、ドル―円の為替レートがどちらかに振れるごとに、高いところから低いところへ移しさえすればよくなります。これで円安や円高への心配は不要になります。

現預金の金額は、５００～１０００万円としてください。

③ 生活費現預金・緊急現預金

「生活費現預金」は、文字どおり日常の生活に必要なお金ですが、旅行などの娯楽や趣味などにかかるお金も入れてください。緊急現預金は、急にお金が必要になるときのために備えるお金です。毎日の生活に必要なお金ですが、毎月の必要最小限金額の１・５倍プラ

ス3ヶ月から6ヶ月分を、現金で所有または預金しておくと安心です。

たとえば、毎月の生活に必要な金額が20万円だとします。この20万円の50%、つまり10万円をプラスして30万円。この金額の3ヶ月から6ヶ月分、つまり90万円から180万円を現預金で手元に置いておきます。また緊急用資金として、別に100万円から500万円は置いておきたいです。もちろんそれ以上の金額でもよいですが、あまり多くの金額は不要だと思います。300万円としましょう。

④ 金（ゴールド）

「金（ゴールド）」とは、万が一経済が混乱に陥ったとき等に備える準備金のようなものです。このゴールドは、多くの人たちは投資物と考えているようですが、これは全くの勘違いです。もちろん、ゴールドには価格がついていますので、株式と同じように売買をして儲けることはできます。しかしながら、本来の通貨の基・源泉として捉えるべきです。経済や国家がとんでもない危機に陥った場合、今までのお金では物は買えなくなり、手に入らなくなります。

お金が紙切れ同然になったり、価値が激減するような非常事態に

なった場合、ゴールドやシルバーが唯一の代替通貨というか、価値のあるものとなります。

それでは、いくらのゴールドやシルバーを所有しておくべきでしょうか？　できれば1年分の生活費ないしは年収分が理想的です。たとえば年収１０００万円であれば、１０００万円分のゴールドとなります。これだけのゴールドの所有が厳しい場合でも、６ヶ月分程度は確保しておきたいものです。この６ヶ月分も難しいという場合、最低でも３ヶ月分は必要でしょう。要するに、経済が大混乱に陥ったときに急場をしのぎ、乗り切るためのお金の代わりですから、６ヶ月程度で何とか落ちつくのでは、ということです。

それからゴールドというと、一般的にゴールドのバー、延べ棒を想像しますが、経済が大混乱になった場合、生活に必要な食べ物・飲み物は、延べ棒で支払うととんでもないお釣りが必要になるため、一般に使用できるコインがよいと思います。つまり、現在の物価の値段と同じ価値のゴールドやシルバーのコインを手当てしておくのです。延べ棒は1本ぐらいで十分でしょう。そして、それらのゴールド（およびシルバー）は全部冷蔵庫の奥にでもしまっておいてください。または銀行の貸金庫に。金額３００万円から５００万円のゴールドとします。

図表 6-1 資産表

1	絶対資産	1 億円～ 5 億円
2	投資用現金	500 万円～ 1,000 万円
3	生活用現金	90 万円～ 180 万円
4	緊急用現金	100 万円～ 500 万円
5	ゴールド	300 万円～ 500 万円
合計		1 億 990 万円～ 5 億 2,180 万円

2 バランスシート（AL）マネジメント

投資利回りは、キャッシュフローということで収入に直結しており、そのリターンがどれほどあるのかを推し量るものです。もちろんここにも、リスクとリターンが深く結びついて、ただ単に、リターンが高ければそれでよいということではありません。中程度のリターンでもリスクがほとんどない、というのが優秀な投資です。

自分の今の資産がどの程度の利回りかは、実際に計算すればわかります。計算を簡単にするため、資産が投資不動産1億円でローン以外の経費を差し引いたネット利回り4％で回っているとします。そうしますと、利益は400万円ですね。しかし、これにローンが9000万円組まれていて、金利が2％であれば、支払い利息は180万円になります。したがいまして、この場合の純利益は、400万円マイナス180万円で、**220万円**。これを資産総額の1億円で引き直しますと2.2％ですが、実際の投下資金は1000万円です。ローンが9000万円ですから。そうしますと、1000万円で

図表 6-2 資産表

	資産Asset					資産Asset		
				運用益				支払利息
1	絶対資産	1億円	4%	400万円	ローン	9,000万円	2%	180万円
2	投資用現金	500万円	0.01%	500円				
3	生活用現金	90万円	0.01%	90円				
4	緊急用現金	100万円	0.01%	100円				
5	ゴールド	300万円	—					
	合計	1億990万円		4,000,690円		9,000万円		1,800,000円
	損益		＋	2,200,690円				

220万円を生み出しているわけですから、**22%**の純リターンになります。

次に、不動産物件が2件あるとします。1億円と2億円の物件で、合計3億円です。1億円の物件には金利2％の9000万円のローン、2億円の物件には金利2・25％の1億7000万円のローンがそれぞれ付いているとして、1億円物件のネット利回りが4％、2億円物件のネット利回りが4・25％とします。

収入が400万円（＝1億円×4％）と850万円（＝2億円×4・25％）で、合計1250万円。ローン支払いが、180万円（＝9000万円×2％）と382万5000円（＝1億7000万円×2・25％）の合計562万5000円。総収入の1250万円からローンを支払い、562万5000円を引けば、**687万5000円**がネット利益総額になり、投資資金総額4000万円（1000万円＋3000万円）の**17・1875%**になります。

このように物件が増えていった場合、それぞれの物件からの利益額を合計し、そこからローンの支払い合計を引きますと、利益総額が算出されます。実際の利回りは投下している資金額がベースですから、投下資金総額でこの利益合計を生み出していますので、利益合計÷投下資金総額で利回り率が算出できます。

まとめ

●資産の中心は、絶対資産、投資用現預金、生活費と緊急現預金、ゴールドで形成
●バランスシート・マネージメントで利回りチェック

こぼれ話 6

勉強すること。

学校で勉強することは大変だったと思います。そもそも中学でしょうか、数学で習った三角関数など、世の中で何の役に立つのか？　と思いますね。それでも親は、どうやって子どもに勉強するように言うのでしょうか。頑張って勉強して良い大学や良い会社に入るのよ、というのでしょうか？

小学校、中学校、高校などで勉強することは、とてもありがたいことなんです。学校で習うことの大部分は大昔、それこそギリシャやローマ時代の賢人たちが見つけた法則や方程式なんです。

中学時代と思いますが、浮力のアルキメデスの原理を学びましたね。こんなすごい原理を、何も勉強や研究をしなくても学校で教えてくれるのです。他にもたくさんあります。昔の賢人たちが何年もかけて解き明かした、発見したことをすぐに教えてもらえるのです。こんな素晴らしいことはありません。

それをなぜ勉強しないのでしょうか？　筆者も遅まきながら時間を見つけては勉強するようにしています。「子どものころ、もっとしっかり勉強しておくべきだった」と。大人になっても遅くはありません。三角関数やアルキメデスの原理が、世間で役に立つ機会はまずないといってもいいくらいですが、その本質を理解するようにするのです。

たとえば、三角関数を応用すれば、太陽光線の入射角度と影の長さで、灯台の高さがわかるのです。つまり、本質を理解すれば、いくらでも応用できるということです。

もうひとつ、新しい研究ですでに応用されているのが、宅配です。ネットで物を買うことが多くなって、宅配業が大変なことになっていますね。これはもともとアメリカ軍が研究、確立した成果です。つまり、戦争中各前線に武器、物資を運ぶのに、どれだけの量とどういうルート経路で運搬すれば、最も効率的で早いかを研究、開発したのです。それをそっくり応用したのが、フェデラル・エクスプレスです。この研究をするのに、当然ながら数学や地学などが必要になったのは言うまでもありません。

特に不動産投資をする場合、数字を扱うわけですから、ぜひとも勉強してその本質を捉え理解して応用してください。

第7章

税金対策・節税

ここまで税金のことには触れてきませんでしたが、当然ながら税金は投資にとって非常に重要で、避けては通れません。不動産投資をしっかり実行して収入が増えても、それ以上に納税額が増えれば、投資の効果は激減します。そこで、所得税、住民税、相続税などの節税についてみてみたいと思います。

不動産投資でいろいろな節税が可能になります。

1 所得税・住民税

まずは毎年確定申告で支払う所得税と住民税ですが、サラリーマンの給与所得者は税務署に代わって会社が徴収し、納税しています。しかし、サラリーマンも企業や自営業者等のように、不動産投資やマンション投資を行い、さまざまな税制面における優遇や必要経費（＝損金）を計上して、将来の生活設計に向け戦略的な備えをすることができるのです。

① 不動産投資の節税効果

そこで、不動産投資の節税効果を解説していきたいと思います。企業は、利益が上がったときは、設備投資や研究費、福利厚生、広告宣伝費等、将来のために現在の利益を使い、節税することが可能です。しかし、サラリーマンにとって税金というのは完全にガラス張り。また会社勤務に必要なスーツや通勤用の靴、ビジネス用カバン等がありますが、経費として計上できません。また、給与所得が上がれば、税は累進的に増えていきます。頑張って働いても、それ以上に税金がかかります。そこで、不動産投資をすることにより、サラリーマンも将来に備え戦略的な経費を計上しての節税が可能になるのです。

不動産投資＝節税

② 税金の仕組みと節税

一棟マンション、一棟アパート経営、取得、売却等の不動産投資による不動産所得がありますと、収支がマイナスでもプラスでも確定申告の義務があります。プラスであればもちろん、税金を納めなければなりませんが、マイナスであれば損益通算により、サラリーマンで得た収入から**マイナス分を差し引いた税額の還付**を受けることができます。

所得がマイナス　↓　税金還付

③ 不動産投資の醍醐味

サラリーマンが一棟マンション、一棟アパートを購入するということは、事業と全く同じことです。現在発生している家賃収入という利益を、あなたの判断で将来に向けた戦略的なリフォーム、増改築および維持管理費、事務費、交通費、募集広告費等、さまざまな経費を計上することが可能になるのです。要するに、将来に向けた資産形成をサラリーマン時代から「必要経費」（損金）という節税効果を得て実行できる、まさに一石二鳥の投資術なのです。経費を計上する行為が、イコール経営となります。不動産投資に伴う節税効果は、不動産投資の醍醐味の一つといえるのではないでしょうか。

不動産投資におけるもう一つの大きな税金対策は、減価償却を利用することです。不動産の場合、将来にわたって時とともに朽ちていくもののみ、毎年減価償却費として計上することができるのです。つまり、減価償却ができるのは、劣化が生じるものだけ＝建物だけであって、劣化しない土地は減価償却ができないということです。

減価償却費は、当然ながら経費として計上することができますが、実際に支出する費用ではないのです。つまり、**お金が実際にはかかっていない**、ということです。お金がかかっていないのに経費計上できるということは、その分収益が減るということで、収益に対する課税も減るということです。

この減価償却は、不動産投資の大きな節税につながるのです。日本の不動産は、土地のほとんどに価値がありますが、償却対象となる建物の価値割合は低く20％程度しかありません。つまり、償却となる部分があまり多くないということです。

一方、アメリカ西海岸の木造物件のほとんどは、建物の価値割合が高く、かつ築年数が22年以上で、4年の償却が可能です。築年数が22年以上といいますと、価値がほとんどなくなり、くたびれた物件と思われますが、アメリカの不動産の寿命は120年くらいです。有名なビバリーヒルズの映画俳優の豪邸のほとんどは、築50年から80年以上は経っています。考えられないような長寿ですが、これは気候の違いによるものです。

日本は四季があってよいのですが、冬は大雪が降って寒いですし、夏は熱帯夜が続く暑さがあります。さらに雨季や台風等もあり、それらは建物へ大きな影響を及ぼしています。その半面、アメリカ西海岸は常に温暖で穏やかな気候のため、木造建物も長持ちするのです。

たとえば、1億円の物件で建物比率が80％としますと、償却は4年で8000万円、1年で2000万円の償却が取れるということになります。

2 相続税

アパート建設や不動産所有で相続税が節税できるそうなのですが、アメリカ不動産の投資をしますと、画期的な節税が可能になります。具体的にいいますと、アメリカ不動産を所有すれば、アメリカでも確定申告（アメリカではTax Fillingという）をすることになります。その際に、納税者番号が交付されます。この納税者番号があれば、アメリカの金融商品が購入できるようになります。数ある金融商品の中でも、生命保険は非常に有用です。たとえば、1億円の現金があるとします。そのままであれば、約50％の相続税が課せられ、手元には5000万円が残ります。

一方、アメリカ不動産を購入してアメリカの納税者番号が得られ、この1億円でアメリカの生命保険を購入しますと、通常一括購入額の4倍程度の保障金額（*）の保険が手当てできますので、4億円の生命保険になります。そうしますと、4億円の保障金額がおりますので、約50％の相続税であれば2億円の相続税を支払って、2億円が手元に残ります。

何もしないでそのままにして、手元に残るのは5000万円。生命保険を購入しておけば、2億円が残るのです。5000万円がよいか、2億円がよいか、答えは明白ですね。
また、アメリカの生命保険の運用利率は4％から5％で、10年前後で解約して解約料を支払っても、ネット4％くらいの運用益が得られます。つまり、10年以上運用しておいてもよいということであれば、確実に4％程度の利益を享受できるのです。もう一つ、アメリカの生命保険の利点は、死亡証明書を提出してから約1週間～10日ほどで保険金が下りることです。

*保障金額は、被保険者の年齢と健康状態によりますが、通常3倍から5倍の範囲です。

まとめ

- 不動産投資で経費や償却を計上し、所得税の節税をする
- アメリカ不動産の購入により、アメリカの生命保険で相続税の節税をする

こぼれ話 7

視点をなくす？

よく「相手の立場になって考えなさい」と言われますが、これは相対する者の状況なりを考えて、自分だったらどんなことを希望するのか考えなさい、そしてそれを提供するべき、という意味合いと思われます。これができると一人前といわれます。

ところが不動産投資の場合は、これでは今一歩なのです。どういうことかといいますと視点を持たないということです。自分という視点も相手の視点も持たないのです。つまり、全体を見る、ちょうど鳥瞰図（ちょうかんず）のように全体を俯瞰（ふかん）するということです。全体を見渡すことができれば、たとえばどこが良い地域かどうかわかるものです。具体的にいえば、海外不動産で世界を見渡してどこが良いか探るのですが、その際日本と比較しないことです。日本ではこうだけど、その外国はどうなのか、という比較です。これでは日本という視点で比べているだけです。視点は持たないということは、それぞれの国ごとの特色を理解することなのです。日本国内でいえば、それぞれの地域の特徴を理解すること。自分のところ=居住区ではそんなことはあり得ない、などといっても仕方のないことです。

たとえば、日本では権利書と実印が大切ですが、アメリカでは実印というか印鑑制度がありません。また、カリフォルニア州では権利書がないのです。物件の所有者は、物件の管轄局（たいていは郡登録局）に記録されているデータに載っている人がオーナーということです。

Aさんが買手でBさんが売手の場合、現オーナーのBさんがAさんに譲渡するという授与証書に、公証人の前で署名し、公証人がそれを証明しその証書を登録局に記録します。記録が終了しますと、登録局が受理した旨、受領印を押して新しい所有者であるAさんに郵送されます。ほとんどの方がこの受領印が押してある証書が、日本でいう権利書と思い込んでいます。つまり、権利書はないのです。

事ほど左様に違うのです。ですから、日本と比較したりせず、その地域、国々のしきたりやルールを知っていただきたいと思います。

あとがき

最近、これからは「人生100年」といわれております。現在の60歳定年（一部では65歳）の社会システムでは、残りの35年から40年どうやって過ごしていけばよいのでしょうか？

50歳の平均寿命となったのは、1946年のときです。それから、戦後復興から経済成長、高度経済成長に進んでいくたびに平均寿命は伸びていき、2017年の平均寿命は男性が81歳、女性が87歳になっています。その間に定年の年齢は50歳、60歳と変化していき、現在も60歳定年が一般的に定着しています。定年退職後21年から27年、悠々自適の生活を送ることになりますが、仮に最後の5年から10年は、仕事ができない状況になっても、11年から22年間年金と貯蓄で残りの人生を過ごさなければなりません。

今の若者や産業労働人口者は、「人生100年」といわれているわけですから、さらに13年から19年、合計34年から46年も60歳に定年退職してから人生が残るわけですが、とても現在の年金制度では、カバーし切れないと思います。今後の年金も受給年齢が引き上げられる可能性があり、かつ受給金額も減少するかもしれないとすれば、ますます年金だけで老後の生活資金を全額まかなえ切れないのは明白です。全額は難しいということはすでにわかっていますが、必要金額の補助に過ぎない状態になってきています。

退職してそれからまだ40年ぐらいもあれば、人生2度目という感じです。そもそも60歳定年退職、それから80歳前後まで20年程度の退職後の生活を送ることが年金の根本的な考え方になっていますが、要するに現在の定年退職年齢・年金制度では、これからの人生設計では合わないことになります。ましてや労働人口が減少していくわけですから、どうやってこれからの年金資金を確保するのでしょうか？

本書の目的は、お金からの解放で絶対資産（ＩＰＡ、ＩＰＶ）を作ることです。つまり、自分年金の収入を生み出す純資産を作り増やすことですが、それを不動産投資で達成することを述べています。この不動産投資は、よく「不労所得」といわれていますが、とんでもないことです。一生懸命投資資金を作り、不動産投資を勉強し、自分の足で物件実査し、銀行員と交渉するなど、どこが「不労」なのでしょうか？　物件を購入してからも物件のチェック、テナントとのやり取り、資金の管理などなど、しっかりやることはあるのです。つまり、これはビジネス、事業ということです。この自分の事業があれば、60歳定年問題は問題ではなくなるのです。会社勤務が60歳で定年を迎え退職しても、自分の不動産投資事業がありますので、そのまま続けていけます。定年になっても自分のやることがあることは、とてもよいことです。何も人生１００年など全く問題ないのです。

このように不動産投資は、収入を生み出すだけではなく、自分の事業としてやることはたくさんあることになります。日本だけでなく、海外を旅行しこれはと思ったところに、不動産投資することも考えられます。少子高齢化社会の日本の不動産だけを考えず、広く海外、特にアメリカ西海岸の不動産も検討していけば、単純にリスク分散だけでなく収入・資産価値・節税など幅広く活用できるのです。そのためにも、バランスのとれた健康な生活を送られんことを切望致します。どんなに優秀でも、健康でなくては何もできません。

本書により、お金から解放され、余裕ある有意義な人生を送ることができれば、筆者望外の喜びでありますが、本当の願いは、ゆとりある生活が送ることができますと、周りが見えてきて他人への思いやりが出てきます。要するに「衣食足りて礼節を知る」ということです。そうしますと、自分がハッピーになり、他人も周りもハッピーになります。必ず成し遂げてください。

最後になりましたが、本書出版にあたってはプラチナ出版の代表取締役今井氏に大変ご尽力頂きました。ここに謝意を表したいと思います。ありがとうございました。

●著者紹介

金井規雄（かない　のりお）

立命館大学経済学部卒、カリフォルニア大学院統計学修士号。

東京三菱UFJ銀行（為替資金および企業融資担当）入行ロサンゼルス支店勤務後、Bank of the West 日本企業部を経て、2004年コスモ・インベストメント（不動産仲介・コンサルティング）を設立、現在に至る。

カリフォルニア州不動産仲介ライセンス、カリフォルニア州保険ライセンス保有。

米国での仲介実績多数。

現地の銀行、会計士、弁護士、保険業者、管理会社などとの幅広いネットワークを持つ。

著書に「安全！ 確実！ アメリカ不動産投資のすべて」「ドル資産を持て！ 世界最強の通貨によるアメリカ不動産投資戦略」

（いずれも週刊住宅新聞社）がある。

アメリカでの資産形成の問い合わせは、下記アドレスまで
Cosmo Investment
2512 Artesia Blvd.,Suite 250-D,Redondo Beach,CA 90278 USA
https:// www.cosmoinvestusa.com/
E-mail: cosmokanai@gmail.com

アメリカ西海岸で不動産投資
7年で1億円！

2018年1月22日　初版発行　　　©2018

著　者　金井規雄
発行人　今井　修
印　刷　モリモト印刷株式会社
発行所　プラチナ出版株式会社
〒104-0061　東京都中央区銀座1丁目13-1
ヒューリック銀座一丁目ビル7F
TEL 03-3561-0200　FAX 03-3562-8821
http://www.platinum-pub.co.jp

落丁・乱丁はお取り替えいたします。

ISBN978-4-909357-03-8

プラチナ出版の本

不動産投資ならプラチナ出版
好評発売中！

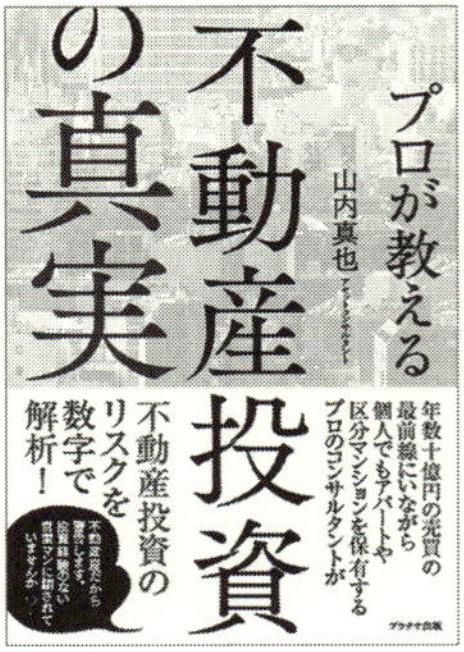

プロが教える不動産投資の真実
山内　真也　著

ISBN　978-4-909357-04-5
四六判並製・240 頁
本体価格　1,500 円

年数十億の売買の最前線にいながら、個人でもアパートや区分マンションを保有するプロが、不動産投資のリスクを数字で解析！

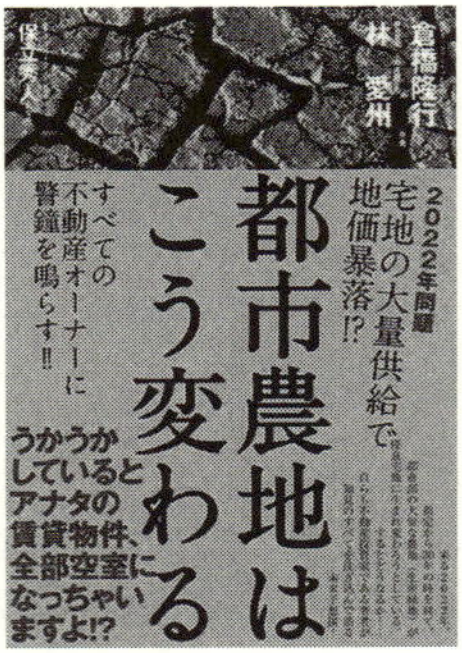

都市農地はこう変わる
倉橋　隆行・林　愛州　著

ISBN　978-4-909357-00-7
四六判並製・216 頁
本体価格　1,500 円

2022 年問題　宅地の大量供給で地価暴落 !? すべての不動産オーナーに警鐘を鳴らす !!

最新情報はプラチナ出版公式WEBサイトから！

http://www.platinum-pub.co.jp/　検索　プラチナ出版